CAIO CARNEIRO

ENFODERE-SE!

Agradecimentos

Gostaria de agradecer, em primeiro lugar, a Deus. Agradeço à minha família, aos meus amigos e a todos que, de alguma maneira, estão conectados comigo.

Mas, em especial, agradeço à minha querida mãe, que hoje brilha lá no Céu.

O texto a seguir foi escrito em 25 de julho de 2019, dia do seu falecimento:

Eram dela os melhores conselhos, conversas e histórias! Eram dela os melhores abraços, colos e broncas! Eram dela os melhores olhares, carinhos e cuidados!

Foram seis anos acompanhando essa mulher lutar bravamente pela vida, enfrentando um sério AVC, um câncer e outras complicações. Diariamente nos mostrava que podemos perder muitas coisas ao longo da vida, mas, se tivermos esperança, ainda teremos tudo!

Onde quer que eu vá, falarei dela; esteja onde eu estiver, contarei de sua sabedoria e de suas batalhas.

A doença não conseguiu vencê-la, pois não foi capaz de tirar sua alegria nem seu sorriso no rosto. Por isso digo que hoje eu não perdi minha mãe: foi o Céu que a ganhou!

Voltei ao Brasil correndo não para te dar "adeus", mas, sim, um até breve, minha mãe, nos vemos no futuro e, depois, ficaremos eternamente juntos.

Abrace muito Deus por mim!

Obrigado, mãe! Com muito amor,
Caio

Rosemary Cristina Gaeta Carneiro ✳1964 †2019

09
Introdução

19
Assumir a liderança

39
Identificar e controlar a ansiedade

57
Enfoderar a sua autoestima

69
Evitar fazer o que é proibido

87
Exterminar o pessimismo, sem mimimi

91
Olhar o mundo além do seu umbigo

105
Entender os sinais para avançar fodasticamente

117
Respeitar sua grana, pois ela não aceita desaforo

141
Saber dividir sua vida com alguém

159
Identificar os erros de quem só se fode

181
Mover-se estrategicamente em um dia de bosta

197
Acelera

203
Crie um movimento enfoderador

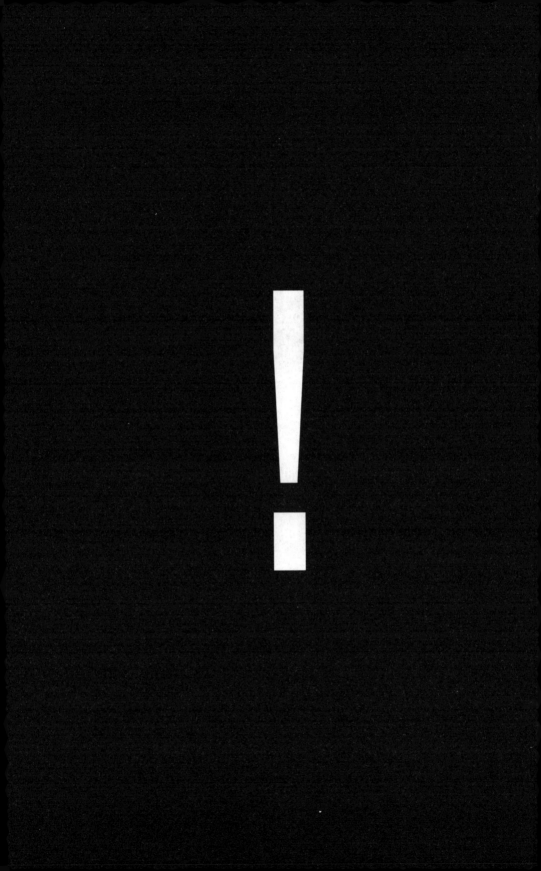

INTRODUÇÃO

Eu não poderia começar este livro de outra maneira que não fosse falando sobre o que mudou na minha vida depois do lançamento do *Seja foda!*, o meu primeiro livro, e também a minha introdução nesse fantástico mundo editorial. O livro possibilitou minha conexão com centenas de milhares de leitores, nos mais diversos lugares, e é com satisfação e orgulho que hoje vejo o quanto existem pessoas no mundo que desejam e lutam por muito mais na vida.

O fato de o *Seja foda!* ter sido o livro mais vendido do Brasil em 2018 aumenta ainda mais a minha responsabilidade em cada palestra, artigo, post ou contato que tenho com as pessoas que buscam revolucionar suas vidas e expandir o universo em que estão, tanto na área profissional quanto na vida pessoal.

É grande a minha gratidão por ter a oportunidade de me conectar com tanta gente boa querendo mudar, gente com vontade de crescer. Por meio delas, percebo que o maior sentido da vida é dar sentido a outras vidas. Quando você percebe que está sendo um instrumento de crescimento na vida de alguém, esse é o real complemento da felicidade.

Crescer e contribuir é a combinação perfeita. Se você só cresce, mas sem o senso de contribuição, significa que algo está faltando. Se você só contribui e não cresce, significa que tem pensado em todo mundo, menos em si mesmo – e que, em breve, não terá mais como contribuir, pois sem crescimento pessoal sua contribuição não se sustenta. Porém, quando você é capaz de crescer e contribuir, deixa um rastro de transformação consistente e de sentido real na vida dos outros, e esse é o maior legado que alguém pode desejar entregar.

Deixar um legado, na minha forma de entender, é o combustível que alimenta a vida, é o que faz a gente se sentir vivo. Uma das coisas em que mais penso é "no que vai ficar quando eu partir".

ESTAR ENFODERADO É ALGO MÁGICO, É ESTAR NO ÁPICE, É ESTAR NO SEU MELHOR, DANDO O QUE VOCÊ TEM DE MAIS ESPETACULAR.

Acredito que a melhor maneira da pessoa se tornar imortal é deixando no mundo algo maior do que sua própria vida, seja uma grande mensagem, um ensinamento, um exemplo, seja algo de valor para os que vierem depois dela. Eu tenho dois filhos, a Bella e o meu caçulinha, o Theo. E adoro pensar que eles vão receber e aproveitar o meu legado.

Também gosto de compartilhar meu legado com você, porque considero que somos todos uma família, uma unidade. E se estamos juntos aqui significa que partilhamos da mesma jornada, que acreditamos em coisas em comum, que temos algo que nos une, que dividimos uma mesma missão a ser cumprida.

Essa união entre todos nós ficou evidente pela acolhida que obtive por ter lançado o *Seja foda!*, o que deixou muito claro para mim que a maior vitória está em contribuir para dar sentido à vida de outras pessoas.

Ninguém consegue segurar quem quer mudar de rumo. E o *Seja foda!* despertou isso nas pessoas. É um livro para despertar a vontade de tomar decisões que vão alavancar sua vida. É para motivar você a bater no peito e dizer que vai se dedicar tanto que nunca mais vai aceitar receber menos do que merece.

Ele é provocador a ponto de despertar a determinação de sair de um estado de paralisia e se colocar em movimento, de ir atrás, de ir para cima, de lutar por aquilo que quer. E as pessoas entenderam isso e se entusiasmaram.

Foi por meio das milhares de mensagens que tenho recebido dos leitores que percebi que eles queriam mais. Pediam por mais técnicas, mais orientações, mais ferramentas para transformar suas vidas. E foi por isso que resolvi escrever o *Enfodere-se!*.

Mas você deve estar se perguntando: o que é "enfoderar-se"? É claro que se você procurar por esse verbo no dicionário, não vai achar. Criei esse nome para o livro com a intenção de mexer com você e fazê-lo sentir que é a sua estratégia que vai levá-lo aonde quer chegar, e mais além. É a sua decisão de se enfoderar, e as ações que fizer a seguir, que irá levar você até o topo do sucesso e mantê-lo por lá.

O "ENFODERAMENTO PRA VALER"
É O QUE TE LEVARÁ PARA UM PATAMAR
NO QUAL NENHUMA NEGATIVIDADE,
NENHUMA CRISE EXISTENCIAL OU
ECONÔMICA PODERÁ TE PEGAR
OU TE FAZER PARAR.

Se fosse possível encontrar essa palavra em um dicionário, você iria ler alguma coisa assim:

Enfodere-se – O ato de empoderar-se, com foco; promover a capacidade de ir em frente, com senso de direção; elevar a sua determinação, tendo clareza na execução; otimismo produtivo; positivismo concentrado para obtenção de transformações.

"*Enfodere-se*" é algo tão grandioso que torna difícil explicar em alguns poucos parágrafos tudo que representa e significa. Assim, ao longo deste livro você irá se apropriar desse conceito, que vai muito além de uma definição de dicionário.

Como você abriu este livro, tenho que reconhecer o seu mérito. Significa que você já não é apenas mais um na manada, que é alguém indo em busca de seus sonhos, alguém que, em vez de amaldiçoar a sombra, está acendendo uma vela, em vez de ficar reclamando, está tomando uma atitude proativa para resolver a sua vida. Já sei que você é alguém que tem algo que quer realizar, que já saiu do piloto automático e do vitimismo, que já tem as características de alguém que é enfoderado, de alguém que quer fazer mudanças efetivas e duradouras em sua vida.

Para quem tomou a decisão de ser foda e ir mais além, para quem quer mais da vida e está decidido a fazer diferente, o *Enfodere-se!* traz um conjunto de ferramentas para tornar a sua história mais marcante e a sua caminhada mais eficiente.

Tudo que coloquei no *Enfodere-se!* são técnicas e comportamentos que funcionam para mim e que vêm moldando o meu sucesso dia após dia. Não são coisas que aprendi em um curso, ou que li em um livro, ou que ouvi alguém dizer, mas são conclusões baseadas nos meus aprendizados, na construção dos meus negócios e da minha vida, ao lado das pessoas que me cercam e com as quais aprendo a todo momento. Aprendizados que venho validando durante muitos anos na minha carreira, dentro da minha história de vida. Por isso mesmo, estou muito seguro de tudo o que coloquei aqui para você, com a certeza de que este material fará uma grande diferença na sua vida.

O *Enfodere-se!* foi escrito para você que está determinado a vencer e tem claro que nada vai fazê-lo parar. Vai mantê-lo inspirado, com o foco e a perseverança necessários e na pegada de execução que é preciso para fazer acontecer os seus objetivos.

Estar enfoderado é algo mágico, é estar no ápice, é estar no seu melhor, dando o que você tem de mais espetacular. Assim, o grande objetivo do *Enfodere-se!* é colocar você em um campo de máximo rendimento, quando se percebe capaz de entregar muito mais do que imaginou que fosse possível.

O *Enfodere-se!* vai ajudar você a atingir uma carga de energia elevada e consciente, com as ferramentas necessárias para avançar. Essa é a grande questão deste livro: elevar a sua energia produtiva e reverter toda ela em resultados. Quanto maior for a aplicação dessa carga energética, mais potente se tornará o seu avanço e melhor você se colocará em condições de fazer qualquer atividade.

Enfodere-se! vai guiar a sua jornada e ajudá-lo a passar para o próximo nível na vida, a conquistar todas aquelas coisas que não consegue ficar um minuto sem sonhar a respeito, e sem suspirar quando pensa em realizar.

Neste livro existe um conjunto de estratégias que, colocadas em prática, vão te levar ao enfoderamento. São técnicas comportamentais para você seguir adiante, na direção do seu tão sonhado destino.

A grande evolução que vamos ter a partir de agora fará você se entregar totalmente às ações necessárias para o seu sucesso. Ser enfoderado é uma decisão que está em suas mãos, mas para ir mais longe você precisa incorporar essas estratégias e colocar a mão na massa, fazendo com que seus objetivos aconteçam. Precisa realmente ser uma pessoa enfoderada e precisa se sentir assim.

A ideia de base do *Seja foda!* é a de que a força e o poder que você necessita para ter uma vida FODA estão sinalizados na palma da sua mão. Ou seja, cada um dos seus dedos representa um dos princípios que o levam a se tornar FODA: positividade e otimismo, visão e direção, atitude e execução, compromisso e valores, controle emocional e atenção aos detalhes.

Se para ser foda você precisa ter claro, na ponta dos dedos, quais são esses poderes, de modo a tomar a decisão de fazer o que é preciso para definir uma vida de sucesso, para enfoderar-se por inteiro você precisa que esses poderes tomem conta do seu modo de ser.

O caminho para você enfoderar-se está sinalizado na palma da sua mão. Agora, você precisa pegar essa mão e colocar na massa, utilizar essa mão em atividades a seu favor, usando as técnicas necessárias que vai aprender neste livro.

É preciso preparar uma mentalidade produtiva que estruture toda a base comportamental que sustentará as suas ações. E isso você fez lendo e aplicando as técnicas do livro *Seja foda!*.

Agora, para enfoderar-se é preciso usar todas as técnicas que vai aprender neste livro. Para enfoderar-se de verdade é preciso mobilizar toda a energia, construindo o futuro com que você sonha.

Isso é o "enfoderamento pra valer", que levará você para um patamar no qual nenhuma negatividade, nenhuma crise existencial ou econômica poderá te pegar ou te parar.

Minha recomendação é para que você leia com atenção, teste, valide na prática, coloque no seu campo de jogo todos os *insigths* que tiver com esta leitura, tudo o que fizer sentido para você. E tire as suas próprias conclusões, sinta o que estará mudando na sua vida e como isso vai ampliar seus resultados.

Enfodere-se! está aqui para oferecer as técnicas que vão tornar você o mais eficiente, encorajado, focado, determinado, responsável e sensato possível, de modo que atinja os seus objetivos, cumpra as suas metas, enfim, conquiste e realize o que planejar.

Quando decidiu ler este livro você sabia que dentro do seu peito e da sua alma existe a intenção de fazer algo diferente, para gerar transformação no mundo à sua volta. Uma coisa que chamo de "intenção positiva de ser FODA" – ser Feliz, Otimista, Determinado e Abundante.

Agora, digo que é preciso que você tenha claro que precisa manter essa intenção positiva muito viva e, principalmente, atuar forte nela – não apenas a intenção, é preciso agir para fazer acontecer.

OS TRÊS C'S DO COMPROMISSO: COMEÇAR, CONTINUAR E CONCLUIR.

Costumo dizer que existem "três Cs" muito poderosos no dia a dia de qualquer objetivo que buscamos: Começar, Continuar e Concluir.

A falta de compromisso com qualquer um desses "Cs" coloca em risco todo o processo de enfoderar-se. Esta é a razão para que muitas pessoas não conquistem seus objetivos: em geral, elas nem começam a fazer o que é preciso. E se começam, raramente continuam, ou continuam por pouco tempo e nunca concluem coisa alguma. Não conseguem completar as atividades previstas nesses "três Cs", de modo que nunca realizam nada.

Por isso, quero sugerir um quarto "C": fazer um Combinado entre nós, assumindo o compromisso de que você vai aplicar com toda a força e determinação os três "Cs" mais importantes da sua vida. Que vai Começar o seu processo de enfoderar-se, vai Continuar com ele independentemente das dificuldades que surgirem, e vai Concluir esse seu Compromisso.

Quando se cria o hábito de fazer isso e se aplica em tudo na sua vida, torna-se muito mais eficiente no que faz e realiza muito mais.

Para ajudá-lo na sua jornada de enfoderamento, a partir de agora vou te falar sobre as doze estratégias que combinadas te deixarão mais perto de qualquer objetivo que você traçar em sua vida.

ASSUMIR A LIDERANÇA

Para influenciar o ecossistema ao seu redor, uma das coisas mais importantes é se tornar um líder enfoderado por inteiro. Você vai precisar assumir com garra a liderança daquelas pessoas que caminham ao seu lado, que seguem com você para o seu objetivo.

No meu entendimento, líder é o indivíduo que influencia o modo de pensar e o comportamento de outras pessoas. É quem colabora para que uma pessoa comum tenha resultados incomuns, quem extrai o melhor de cada um.

A palavra líder vem de *"lead"*, um termo originário da língua dos vikings e que era usado para designar a ação característica de um comandante de uma embarcação. Era ele quem definia o caminho para a tripulação e, por isso, liderar significa conduzir, indicar o caminho. Outro significado muito importante para a palavra líder mostra mais uma característica fundamental no papel de liderança: líder é aquele que sabe servir, que sabe fazer uma equipe funcionar com harmonia, de modo a possibilitar os melhores resultados dentro daquilo que se busca.

Para exercer a liderança, costumo usar dez conceitos fundamentais, dez pontos de atenção, que nunca perco de vista. Esses pontos me dão um norte e me ajudam a sempre avaliar como anda a minha atuação como líder. Eles são como uma bússola que me aponta o caminho da liderança, ajudando a perceber se minha atuação está sendo eficiente – e a ajustar minhas ações e voltar ao trilho correto, quando necessário.

Quero compartilhar com você esses dez princípios de liderança, que uso no dia a dia e ensino para as pessoas que caminham comigo.

O EXEMPLO NÃO É A MELHOR FORMA DE ENSINAR; ELE É A ÚNICA FORMA.

1. Ser um líder atuante

Você nunca vai conseguir influenciar alguém se não for um líder que pratica aquilo que prega. É preciso ser atuante no que você ensina. Costumo dizer que o exemplo não é a melhor forma de ensinar; ele é a única forma.

Se você não for um líder atuante, não vai gerar a identificação das pessoas de sua equipe com aquilo que diz. Essa é uma das grandes diferenças entre um líder e um simples chefe. O líder fala "vamos", enquanto um chefe diz "vai".

O líder está sempre junto de sua equipe, é coerente, faz aquilo que fala. Tem muita gente que é uma fraude totalmente visível, porque não existe coerência entre sua boca e seus braços; não executa aquilo que diz. Suas palavras e ações precisam caminhar lado a lado, para que sua liderança seja eficaz.

2. Saber dar *feedbacks*

O líder precisa dominar a arte de dar *feedbacks*, para ajustar o funcionamento de sua equipe e corrigir eventuais desvios de rumo que possam estar ocorrendo. Mas ele precisa fazer isso de modo que as pessoas se sintam respeitadas e valorizadas, compreendam o que precisa ser corrigido e aceitem bem o que está sendo proposto. Nesse sentido, existem três pontos que considero fundamentais para quando um líder der um *feedback* para as pessoas de sua equipe.

Corrigir sem ofender e orientar sem humilhar: essa é a regra de ouro do *feedback*, e que eu levo à risca. O respeito tem que prevalecer nas relações entre o líder e a sua equipe, para que o bom ânimo e a boa energia estejam sempre presentes no trabalho.

Reconhecer em público e corrigir no privado: um mérito tem que ser reconhecido em público, porque a celebração em conjunto leva ao progresso de todos. Quando a pessoa é reconhecida publicamente, e isso é celebrado, todos sentem vontade de progredir e ir mais longe. Alguém que fez algo de bom tem que ser valorizado de modo a se sentir especial, importante para aquele ecossistema. Por outro lado, se a pessoa fez algo errado e precisa ser corrigida, isso nunca deve ser feito em público, porque diminuirá a pessoa

O LÍDER EDUCA SEM OFENDER E
INSTRUI SEM HUMILHAR.

perante os outros. Você a colocará em uma posição de extremo desconforto e humilhação, o que acabará completamente com a inspiração e o entusiasmo dela. Desse modo, não só vai perder um colaborador, um parceiro, como também deixará um péssimo clima dentro de toda a equipe. Então, reconheça em público e corrija sempre no privado.

Liderar por admiração e não por medo: ou você lidera por medo ou por admiração. Se você liderar por medo, quando o medo passar a sua influência também passará. Por exemplo, um ditador opta por liderar por medo e as pessoas fazem o que ele quer não porque o admiram, concordam ou foram inspiradas pelo exemplo daquela pessoa. O medo faz com que elas obedeçam, porque os riscos de desobedecer são grandes. A admiração é a melhor estratégia para liderar, porque ela é magnética – atrai as pessoas para que fiquem ao lado de quem admiram e, tanto quanto possível, imitar sua postura e seus atos. Admirar significa ter respeito, consideração e apreço, contemplar alguém com prazer, orgulho e carinho. Liderar por admiração faz com que as pessoas estejam ao lado do líder, fazendo junto o que precisa ser feito. Liderar por medo é uma liderança rasa, pois o medo sempre passa. Ou seja, quem lidera por medo tem apenas uma liderança provisória. Já a admiração fica, e quem lidera por admiração tem uma liderança perene, constante e que se fortalece.

3. Reconhecer os méritos

Todo líder precisa saber reconhecer os méritos dos membros de sua equipe. Afinal, boa parte da motivação vem da pessoa perceber que o que ela faz de bom está sendo observado por alguém. Em especial, isso se torna muito importante quando a equipe tem um líder por admiração. Sempre é muito mais gratificante ser reconhecido por um líder que se admira.

Porém, aqui precisamos ter alguns cuidados, quanto a reconhecer os méritos das pessoas na nossa equipe. O reconhecimento tem que ser na medida certa, bem dosado induz ao progresso, porém, o reconhecimento excessivo tem efeito contrário.

OUVIR É ESCUTAR PARA ENTENDER.

Se você reconhece alguém além da conta, isso gera egocentrismo, ou então o seu reconhecimento se torna banal. Se reconhece de menos, desestimula as pessoas a darem o seu melhor.

A grande sabedoria da vida em equipe é o líder saber encontrar o meio-termo entre esses dois extremos.

4. Ser um ouvinte assíduo

Existem algumas ideias fortes a respeito da necessidade e as vantagens de ser um bom ouvinte, especialmente para quem exerce a liderança. Veja se você conhece algumas delas:

! Todo bom líder é um ouvinte assíduo.

! Ouvir é escutar para entender.

! Um bom líder é sempre o último a falar.

! Saber ouvir não é um clichê, é uma estratégia.

! O líder de verdade domina a arte de escutar, mais ainda do que a de falar.

! Para um bom líder, ouvir é ouro e falar é prata.

! A boa liderança pratica insistentemente o ouvir.

! Temos dois ouvidos e apenas uma boca, porque escutar é mais importante do que falar.

O líder verdadeiro trabalha muito em cima disso. A habilidade de ouvir, de falar sempre por último, de ouvir primeiro a todos antes de emitir a sua opinião, é, no mínimo, uma grande vantagem.

Quando deixo para falar por último, tenho o benefício de escutar todos à minha volta e repensar minhas próprias ideias. Assim, às vezes posso mudar de opinião ao ouvir o que todos dizem. Ou mesmo falar de uma outra maneira o que tenho a dizer, porque a opinião dos outros mudou um pouquinho meu ângulo de visão. É como se eu olhasse as cartas de todo mundo primeiro, antes de mostrar as minhas.

Em uma viagem que fiz à África do Sul, ouvi uma história sobre Nelson Mandela. Dizem que ele viajava muito com seu pai, que costumava levá-lo às reuniões de povos das quais participava.

Nessas reuniões, todos se vestiam da mesma forma, com trajes comuns, não tinha nada caracterizando quem era o líder.

QUANTO MAIS TEMPO PASSAMOS RENEGANDO UM ERRO E TENTANDO JUSTIFICÁ-LO, MAIS PODER DAMOS A ELE E PIORES FICAM SUAS CONSEQUÊNCIAS.

Porém, ao final dos encontros, o pai de Mandela sempre se dirigia diretamente ao líder, para falar com ele.

Intrigado, Nelson Mandela sempre se questionava como seu pai sempre sabia quem era o líder. Ele fazia dezenas de reuniões com diferentes povos, muitos dos quais ele nunca havia visitado antes. Um dia, Mandela perguntou ao pai como ele sabia quem era o líder de cada povo.

Seu pai respondeu:

– É muito simples. O líder é aquele que propõe que as pessoas sentem em roda, escuta, e é sempre o último a falar.

5. Saber tomar decisões

Hoje em dia, é muito comum ouvir falar de terceirização. Terceirizar significa contratar terceiros para a realização de certos serviços. Mas também pode ser entendido, em um sentido menos positivo, como "transferir a responsabilidade de algo para outra pessoa".

É nesse sentido que afirmo que o verdadeiro líder não terceiriza suas decisões. Ele chama para si a responsabilidade de decidir e assume as consequências pelas decisões que toma.

Se você tem o hábito de terceirizar decisões, então não tem uma postura de liderança e está se afastando da possibilidade de realizar o seu potencial máximo como líder.

Entenda que um líder nem sempre toma as melhores decisões. Mas ele não foge delas. O líder pode até falhar ao decidir, mas não deixa que decidam por ele e nem abandona uma decisão.

6. Assumir as responsabilidades

Muita gente, quando erra, antes de assumir o fato procura todas as alternativas possíveis para justificar ou terceirizar a responsabilidade pelo erro cometido. E quanto mais tempo passamos renegando um erro e tentando justificá-lo, mais poder damos a ele e piores ficam suas consequências. É um grande problema quando damos tempo demais ao erro, porque estamos aumentando a carga emocional que vem embutida nele.

Um líder de verdade faz exatamente o contrário. Ao primeiro sinal, assim que percebe que cometeu um erro, ele rapidamente reconhece que errou, diminuindo o tempo para corrigir o que saiu errado.

O líder reconhece seu erro o mais rápido possível e pede desculpas com facilidade, porque sabe que pedir desculpas não é assinar um atestado de incompetência, nem um relatório de incapacidade, nem uma carta de falta de habilidade. Ele sabe que pedir desculpas é um ato de nobreza.

Busque isso na sua liderança: quando errar, reconheça, desculpe-se e monte imediatamente as providências para corrigir o que está errado e minimizar as consequências. Isso lhe trará respeito, competência e confiabilidade.

7. Saber pedir ajuda

O líder sabe pedir ajuda, quando necessário. Ele sabe que precisa ter sempre ativado o seu sistema de apoio, pois todo mundo precisa de ajuda em algum momento. O líder tem consciência de que tem muita gente boa no mundo, com vontade de ajudar e de contribuir. Ao contrário do que muita gente pensa, pedir ajuda não é nenhuma demonstração de fraqueza. Na verdade, é de uma nobreza enorme assumir que está precisando de apoio.

É claro que é preciso saber a hora certa para buscar a ajuda de outras pessoas. Ainda que seja nobre pedir quando necessário, não se pode fazer isso com muita frequência, porque corremos o risco de estar terceirizando nossas responsabilidades.

8. Solucionar conflitos e neutralizar confrontos

O líder é um grande mediador de conflitos, para que as pessoas não percam a unidade de seus objetivos, e é sempre um neutralizador de confrontos, para eliminar qualquer tipo de discórdia e embate.

Gosto de deixar claro que há uma diferença entre conflito e confronto. Conflito é quando duas pessoas discordam, mas ambas querem chegar a uma solução. As duas querem que tudo fique bem. Já o confronto é quando uma parte quer anular a outra.

O conflito sempre gera evolução, porque pode não haver ainda a concordância, mas existe uma troca de ideias, que são lapidadas e negociadas, a fim de que as duas partes cheguem a uma solução melhor.

O conflito então gera evolução e o confronto gera guerra. O líder verdadeiro é o mediador que vai ajudar a solucionar os conflitos e neutralizar os confrontos.

9. Alinhar os interesses de todos em um mesmo objetivo

O líder respeita a individualidade dos sonhos e das ambições de cada membro da equipe. Mas é capaz de integrar a todos em um mesmo objetivo. Ele faz com que os sonhos de todos convirjam para a realização, não importa se as pessoas, de forma individual, queiram coisas diferentes.

O líder é uma pessoa que une a todos em uma mesma estrada, porque sabe que juntos vão mais longe. E, independentemente do que cada indivíduo quer encontrar pelo caminho, é preciso respeitar, valorizar e alinhar os interesses.

Um líder verdadeiro une a equipe em um esforço único, porém, sempre respeitando o sonho de cada um, porque ele sabe que todo sonho individual é importante. E vai sempre proteger e respeitar isso.

10. Ser o grande maestro das emoções

O líder sabe escutar o próximo e se importa com ele. É hábil em reconhecer uma emoção predominante em uma pessoa e em fazer o equilíbrio de suas emoções.

Quando uma pessoa está com medo em excesso, o líder aumenta sua confiança. Para quem está com demasiada ansiedade, ele estimula a serenidade. O líder é sempre um grande maestro, ajudando a reger e equilibrar as emoções.

Um líder de verdade consegue juntar pessoas em torno de um mesmo objetivo e organizar seus esforços de modo que todos atinjam suas metas e realizem seus sonhos.

Quando pessoas poderosas se unem para seguir em uma mesma direção, coisas extraordinárias acontecem. Você irá mais longe se tiver ao seu lado pessoas que tenham propósitos iguais aos seus.

O CONFLITO GERA EVOLUÇÃO E O CONFRONTO GERA GUERRA.

Quando essas pessoas se ajudam, suas forças são somadas e atingem uma sinergia. E o resultado final será sempre maior do que a simples soma dos resultados individuais. É aquela velha história de "juntar um mais um e ter onze" como resultado, e não apenas dois.

Para ter pessoas boas e comprometidas ao seu lado e mantê--las motivadas a batalhar pela causa que defendem, é necessário tornar-se um líder. É preciso que você se torne especialista em gente, para lidar com a equipe e conduzi-la para os objetivos que você traçar.

* * *

Existem muitas ideias que podem levar você a ser um grande líder e, para isso, você precisa aprender a aplicá-las no dia a dia. Na minha carreira de negócios, selecionei e testei alguns princípios poderosos de liderança, que funcionaram e trazem grandes resultados. Funcionaram para mim e, tenho certeza, vão funcionar para você também.

1. Ensinar o que sabe

O primeiro grande princípio da liderança é ensinar o que você sabe. O líder transfere conhecimento, passa adiante, não guarda só para si. Democratiza seus aprendizados e suas experiências. Compartilha com sua equipe, ensina e estimula o crescimento de cada um.

Ao mesmo tempo, está sempre buscando novas experiências para trabalhar no crescimento do time e passa adiante cada novidade que aprende. Ele não tem uma mentalidade de escassez, de que precisa guardar os conhecimentos para si, para ter exclusividade – bem diferente daqueles profissionais de antigamente, que mantinham a sete chaves o que tinham aprendido, só para não darem vantagens aos possíveis concorrentes a uma vaga de liderança. Um líder verdadeiro compreende que quanto mais compartilha o que sabe, maior será a abundância presente em sua vida e na vida das pessoas com quem ele convive e influencia.

O LÍDER PRECISA SER COERENTE COM O QUE FALA. TEM QUE AGIR DE ACORDO COM O QUE DIZ.

2. Praticar o que ensina

O segundo princípio de liderança que uso é "praticar o que você ensina". O líder precisa ser coerente com o que fala. Tem que agir de acordo com o que diz. Na Índia costumam dizer que "a vida do mestre tem que refletir aquilo que ele ensina aos seus discípulos".

O verdadeiro líder aprende, pratica e ensina a fazer. Ter esse equilíbrio é muito importante não só para ele se enfoderar como líder, mas também para ajudar a enfoderar aqueles com quem trabalha.

Aqui podemos dizer que "dar o exemplo não é a melhor forma de ensinar alguém, é a única forma". O exemplo arrasta as pessoas. Elas "não estão nem aí" para o que o líder está falando. Elas querem ver o que ele está fazendo, para onde está indo.

As pessoas não seguem seus lábios, elas seguem os seus pés. Por isso, lembre-se sempre que é muito importante estar ativo e ter congruência entre aquilo que prega e aquilo que faz.

3. Gerar resultados com o que pratica

O terceiro princípio da liderança é saber gerar resultado com aquilo que você pratica, validar tudo o que diz e faz, construindo resultados reais.

Não adianta ensinar o que sabe e praticar o que ensina, mas não gerar resultados visíveis. Porque senão tudo o que você defende vai por água abaixo. O indicador universal de que você está fazendo o que é certo são os seus resultados.

Não é a forma como faz nem como fala, mas sim os resultados daquilo que pratica que vão definir a sua qualidade como líder. Esse é o verdadeiro termômetro da sua liderança.

Se os resultados não surgirem, o líder sabe que vai precisar reavaliar os métodos e evoluir na liderança. Ele sabe que deverá seguir na caminhada com determinação, mas precisará mudar as estratégias, já que não deve insistir em algo que não esteja funcionando.

É importante ter claro este conceito: persistência nada tem a ver com teimosia – para o bom líder, desistir não é uma opção, mas insistir no erro não é o melhor caminho.

O VERDADEIRO LÍDER NÃO TEM MEDO DE DIZER "NÃO SEI"; MAS NÃO SE CONFORMA EM NÃO SABER.

O líder persistente é aquele que faz, vai em frente, é paciente, não desiste, mas está sempre reavaliando suas estratégias, seus caminhos, as ferramentas que usa, para gerar resultados de valor a partir daquilo que pratica.

4. Não renegar aquilo que desconhece

O quarto princípio que vai sustentar toda a liderança é não negar aquilo que você desconhece. O verdadeiro líder não tem medo de dizer "não sei", mas não se conforma em não saber. Ele vai atrás de aprender, é um eterno aluno e está sempre pronto para adquirir conhecimentos. Ele sabe que só assim será mais útil e poderá ajudar sua equipe a crescer.

A ideia é evoluir sempre e contribuir para que seu time consiga se desenvolver. Porque mesmo ensinando o que conhece, praticando o que ensina, gerando resultado com aquilo que pratica, você não pode acreditar que é o suficiente ou é tudo o que existe. Para um líder de verdade não existe esse negócio de "assim tá bom", "já sei o suficiente", "já conheço tudo o que é preciso", ou que não há nada mais que ele possa aprender.

Para ser um ótimo líder você tem que ser um ótimo seguidor. Todo mundo segue alguém e os principais líderes de que a gente já ouviu falar também seguem pessoas mais experientes e estão sempre aprendendo. Esse é um princípio poderoso da liderança: você nunca pode renegar aquilo que não conhece, ou achar que não tem mais o que aprender. Mesmo que você já gere excelentes resultados com aquilo que pratica hoje, seu futuro – e o futuro da sua equipe – vai depender da continuidade de seu aprendizado e evolução como pessoa, profissional e líder.

5. Aprender com todos que o cercam

O quinto princípio da liderança é aprender com todo mundo que o cerca. Um líder sabe que qualquer pessoa pode lhe ensinar alguma coisa. Seu pensamento gira em torno da ideia: "Eu sei coisas que você não sabe, você sabe coisas que eu não sei".

Algo em que acredito, e que levo muito a sério na minha vida, é que todo mundo é melhor que eu em alguma coisa. Desde a

PARA SE TORNAR UM ÓTIMO LÍDER,
VOCÊ TEM QUE SER
UM EXCELENTE SEGUIDOR.

pessoa mais simples que conheço, todo mundo tem algo para me ensinar.

Quando me relaciono com alguém, procuro descobrir no que aquela pessoa é melhor do que eu, o que ela tem para me ensinar. Sou como uma grande esponja, buscando absorver tudo o que posso aprender com cada um que encontro.

Pense um pouco sobre isso: no que você é melhor? Pode ser que tenha uma habilidade a mais, talvez seja mais tolerante, mais paciente, quem sabe se relacione melhor com as pessoas... O que é? Em alguma coisa você é muito bom e pode contribuir com outras pessoas, enquanto aprende com elas sobre aquilo que ainda não domina.

O verdadeiro líder está sempre atento porque sabe que toda ocasião é uma oportunidade de aprender, e que todo encontro é uma chance de se tornar mais sábio, mais bem preparado e melhor líder do que já é.

**

Esses cinco princípios sustentam toda a liderança. Eles são o meu norte no trabalho com equipes e mudaram completamente minha trajetória, minha caminhada, trouxeram-me o sucesso e me mantêm todos os dias atento aos cuidados com as pessoas que seguem comigo, para que todos possamos continuar a crescer juntos.

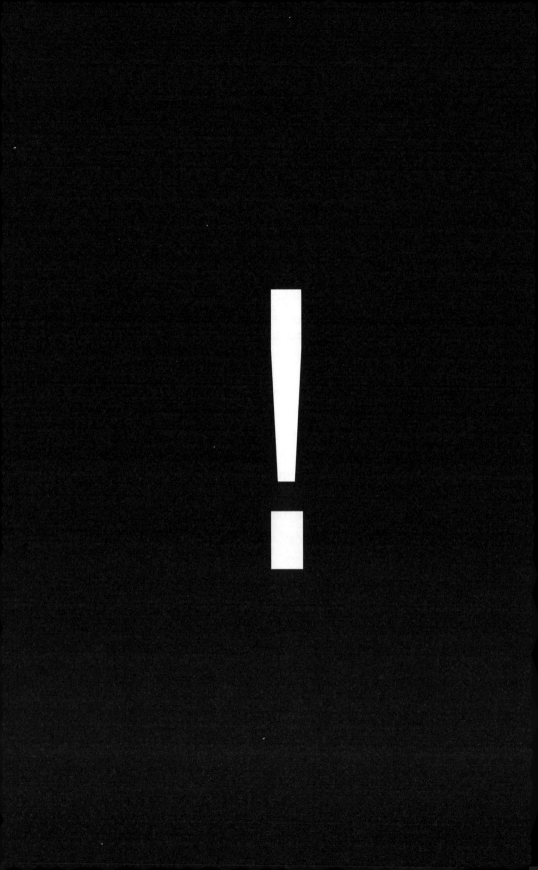

IDENTIFICAR E CONTROLAR A ANSIEDADE

Toda essa agitação que vivemos neste século é movida pela ansiedade. Vivemos em um mundo altamente conectado, cada vez mais barulhento e acelerado, sem tempo para processar direito tudo o que está acontecendo e, muitas vezes, sem tempo para planejar concretamente o nosso futuro. E a ansiedade fica cada vez mais presente na nossa vida.

A ansiedade é um estado mental de apreensão, ou mesmo de medo, provocada pela imaginação de situações desagradáveis ou que envolvam certo perigo. A ansiedade acontece quando antecipamos algo e sofremos por isso, mesmo sem saber se aquela situação vai ocorrer de verdade.

A palavra "ansiedade" vem do latim *anxietas*, que significa "angústia", "preocupação". Identifica alguém que esteja emocionalmente perturbado, pouco à vontade, provocando sensações de aperto no peito e de sufocamento. O quadro de ansiedade envolve sintomas de tensão, sendo que a fonte do perigo antecipado pode ser interna à pessoa, ou mesmo externa.

Trabalhando com pessoas no dia a dia, percebo que a ansiedade está muito ligada ao pessimismo e anda de braços dados com a depressão. O que pode levar a caminhos muito perigosos.

É muito importante sabermos controlar a ansiedade, ou pelo menos administrar as situações em que ficamos ansiosos. Penso que é uma questão de lapidação, de nos aprimorarmos pouco a pouco, em uma evolução contínua e constante, para que não nos entreguemos à ansiedade diante dos desafios que temos de enfrentar e das incertezas com as quais temos que conviver. E, é claro, precisamos ter a consciência e a atitude de procurar ajuda profissional competente, em casos mais difíceis de manifestação da ansiedade.

A ansiedade, até certo ponto, pode ser considerada natural, uma reação humana que nos ajuda a nos prepararmos para

ACEITE QUE VOCÊ NÃO PODE
CONTROLAR TUDO O QUE ACONTECE.

situações que iremos enfrentar, mas não podemos deixar que ela chegue a níveis em que interfira negativamente na nossa vida.

Por isso, gosto de ver a ansiedade também pelo outro lado: o lado positivo, que nos ajuda a manter aceso o fogo da vontade de conquistar nossos objetivos. A ansiedade positiva é aquela expectativa gostosa, que é o prenúncio de algo muito legal que está para acontecer. É quando você tem aquele frio na barriga, quando está ansioso de modo controlável e agradável, por algo muito bom que está por vir, como uma boa viagem, uma boa promoção, um bom reconhecimento, a chegada de um filho, ou situações que nos fazem sentir bem.

O nosso cuidado maior tem que ser com aquela ansiedade que classifico como predatória: um sentimento negativo, geralmente ligado a estarmos vivendo em um movimento do qual não temos controle, quando estamos mentalmente em um futuro que tememos que aconteça. Esse é um estado de apreensão ou medo provocado pela antecipação de uma possível situação negativa, que muitas vezes é tão remota, ou mesmo nunca chega a acontecer.

Essa tendência de viver no futuro, de ficar ansioso com coisas que você imagina que poderão acontecer, tem a ver com algo que chamo de "pré-ocupação". "Pré-ocupação" é a má utilização da nossa imaginação, quando começamos a configurar apenas cenários negativos para o nosso futuro e ficando ansiosos no presente.

Para ajudar você a ter mais controle sobre a ansiedade e fortalecer a sua atitude de vencedor e enfoderar-se de verdade, vou listar alguns pontos fundamentais, que uso no meu dia a dia.

Primeiro ponto

Aceite que você não pode controlar tudo o que acontece. Eu acredito que tem três grandes potes na vida:

! O pote das coisas que a gente controla e influencia;
! O pote das coisas que a gente não controla, mas influencia;
! O pote das coisas que a gente nem controla e nem influencia.

TUDO EM QUE VOCÊ FOCA, SE EXPANDE!

No meu caso, foco 80% da minha vida nas coisas que eu controlo e influencio, que são as coisas que têm a ver comigo, sobre as quais eu posso fazer algo hoje. Por exemplo, se eu quero perder peso, tenho total controle e influência sobre isso, porque só depende de mim.

Agora, tem também aquelas coisas que eu não controlo, mas influencio. Por exemplo, a eficiência do meu time, das pessoas que eu lidero. Eu não consigo controlar um liderado meu para que ele execute uma tarefa com eficiência, mas posso influenciá-lo de maneira positiva e produtiva, guiando-o, fornecendo a ele técnicas, sugestões e acompanhamento, perguntando se ele tem algum tipo de dúvida, mostrando com o meu exemplo como é que se faz, alinhando seus interesses, debatendo sobre metas e projeções. Isso tudo eu posso fazer para influenciar as atitudes dessa pessoa, mas não posso controlar se ele vai aplicar isso, ou não.

E tem aquelas coisas que eu nem controlo e nem influencio. Por exemplo, o câmbio do dólar não mexe com a minha ansiedade, porque eu não controlo e nem influencio o fato dele estar em alta ou em baixa. Se me perguntam sobre o que eu penso sobre a alta do dólar, digo sobre o que isso pode mudar no meu cotidiano, nos meus negócios, mas não vou ficar debatendo sobre algo que eu não controlo e nem influencio, e nem vou ficar ansioso em função da variação monetária.

Então, sempre estou olhando para esses três potes e procuro me ocupar principalmente daqueles em que eu posso agir.

Quando uma pessoa vive a maior parte de seu tempo no pote das coisas que nem controla e nem influencia, sua ansiedade dispara.

Segundo ponto

Nunca foque no muro. Essa é uma analogia que faço com um fato que vivi quando era mais jovem. Dos meus 18 aos 22 anos, andei muito de moto. O instrutor que me ensinou a pilotar costumava dizer que, quando eu estivesse pilotando, nunca deveria focar no muro, mas sim na pista. Isso porque tudo em que você foca, se expande. Tudo em que põe atenção você atrai para a sua vida. Se você foca no muro ele cresce, vira algo magnético, você vai para onde olha e acaba batendo.

Sabendo que existem os muros e que eles precisam ser evitados, já tendo estudado o trajeto, e sabendo dos riscos para se ter a melhor tocada necessária, foque na pista e siga em frente. Não colocar sua atenção no muro ajuda você a manter sua ansiedade baixa.

Terceiro ponto

Poupe seus lugares de descanso. Essa é uma estratégia muito eficiente para mim. Para os meus lugares de descanso eu só levo coisas positivas. Esses lugares são o meu refúgio, aonde vou apenas para receber coisas boas. Onde recebo boa energia, tranquilidade e tudo o que é capaz de me reabastecer. É como se fosse para lá para me ligar em uma tomada e recarregar minhas baterias, me revitalizar, me reenergizar.

Por exemplo, na minha cama não tem espaço para preocupações, porque esse é um lugar que eu preservo. A minha cama é um lugar que poupo. Então, toda vez que a minha ansiedade sobe a níveis não saudáveis, a minha cama é o lugar que me recompõe.

É importante ter o seu lugar de descanso preservado, e ele pode ser a sua casa, o seu quarto, a sua cama. Eleja um ou mais desses lugares e passe a preservar cada um deles, para que você tenha um lugar aonde possa ir para se reabastecer de coisas boas.

Quarto ponto

Crie uma rotina para coisas que te fazem bem. Eu tenho sempre na minha agenda as rotinas para coisas que me fazem bem, que regulam a minha ansiedade, o meu nível de estresse. Por exemplo, gosto de fazer atividades físicas, de momentos de leitura, de estudos. Isso está muito presente dentro do meu cotidiano.

Geralmente, as pessoas fazem o contrário: quando estão tendo um dia bem difícil, em vez de fazer coisas que lhes façam bem, elas dizem, por exemplo, que não estão com cabeça nem mesmo para ir à igreja, mesmo que isso seja algo que lhes faça bem.

Se o seu dia está difícil, você tem que colocar mais coisas que te fazem bem na sua rotina, para começar a voltar ao seu ponto positivo natural, para recompor o seu estado energético.

Quinto ponto

Agradeça sempre. Agradecer, no meu entender, é *fazer a Graça descer dos Céus até você.* É começar a trazer para você aquilo que quer que aconteça. Tem uma pergunta que ouvi e que ajuda bastante a valorizar o nosso dia a dia: "Se você acordasse amanhã e só possuísse o que agradeceu hoje, o que você teria?". Essa é uma pergunta que me faz lembrar realmente de todas as graças que tenho e de agradecer por elas. E isso controla a minha ansiedade.

Sexto ponto

Faça as pazes com as consequências. Enfim, é importante trabalhar firme no sentido de controlar a ansiedade e poder viver com menos preocupações e em paz consigo mesmo.

Buscar sempre a paz interior é um contrato que tenho comigo mesmo, que me diz que, não importa o que aconteça, está tudo bem. Isso porque sei que já errei muito, mas nunca errei com intenção – que é onde mora o perigo.

Por exemplo, abominamos a mentira porque mentir é errar com intenção. A pessoa sabe que mentir é errado, mas mesmo assim decide cometer esse erro e mente. E aí já é um problema de caráter.

É muito nobre quando você erra querendo acertar, pois isso significa que você tentou. Assim, é possível reconhecer que errou, porque errar é parte de um processo educativo.

A sua capacidade de não se condenar fica muito mais acentuada quando você aprende a fazer as pazes com as consequências dos seus atos. Quando você entende que está fazendo o seu melhor, com a melhor das intenções, se der certo deu, se não der certo, você ganhou sabedoria e foi ótimo também.

Sétimo ponto

Desvie sua atenção das preocupações. A preocupação é como um vício, então, é um ponto de atenção.

"SE VOCÊ ACORDASSE AMANHÃ E SÓ POSSUÍSSE O QUE AGRADECEU HOJE, O QUE VOCÊ TERIA?"

Parece uma coisa doida isso, mas tem gente que é preocupada demais porque treinou muito a preocupação. E você se torna muito eficiente em tudo o que treina bastante. A preocupação é como um vício, quanto mais você a usa, mais quer usar. E mais ela domina.

Assim, sempre que vier a preocupação é preciso desviar a atenção dela. Não pode dar muita bola, senão você a torna mais forte, mais eficiente e ela preenche você até o topo.

O bom é que, da mesma maneira que você pode ser treinado em se preocupar, pode também treinar não se preocupar. Tudo é treinável. Apenas leva algum tempo de prática para que a gente fique bom naquilo que está fazendo.

Muitas vezes, começo a me preocupar com alguma coisa e então decido que não vou me perturbar com aquilo. Paro de pensar no assunto e coloco meu foco no hoje, que é onde tenho o meu centro de controle. Voltando àquela ideia dos potes, é no dia de hoje onde posso controlar e influenciar a minha vida. Quando comecei a treinar não me preocupar eu me esforçava muito e nem sempre tinha resultados. Mas depois isso virou um hábito e fiquei muito bom nisso, de modo que mantenho a preocupação longe da minha vida.

Quando você está em paz consigo mesmo, tem duas grandes vantagens: diminui a preocupação que não leva a nada e não entra naquela mania do mimimi, que tanto vem atrapalhando as pessoas hoje em dia.

Além dos pontos descritos até aqui, existem outras formas de se manter longe da ansiedade negativa, e, com certeza, essas formas aproximarão você de seus objetivos:

1. Pare de atrair a negatividade

Pare de mimimi, de pessimismo, de atrair a negatividade. Como fazer isso? Uma das coisas que extermina o pessimismo é parar de reclamar, partir para a ação, afastar o ócio. O ócio pode ser voluntário – quando você não quer mesmo fazer nada, por qualquer razão – ou pode ser consequência de seus pensamentos derrotistas.

Quando se preocupa demais, você fica paralisado, só pensando no que pode dar errado. Essa possibilidade negativa tira sua energia e sua garra para fazer aquilo que sabe que é importante para realizar seus sonhos.

Não fazer nada, muitas vezes, é consequência do mimimi, de ficar reclamando de tudo, ou de algo que não está legal, e não focar naquilo que precisa realmente ser feito para mudar as coisas para melhor. O hábito de reclamar precisa ser exterminado com urgência, se você quer dar a si mesmo uma chance de progredir.

Com certeza você já teve algo que o entristeceu muito, que te deixou chateado. Muitas vezes foi um desentendimento com alguém querido, às vezes foi a perda de alguém próximo, ou mesmo algum outro golpe que teve na vida, uma circunstância adversa que apareceu do nada. E isso mexeu com você, tirou a sua energia e ficou te corroendo por dentro. E naquele momento alguém chegou para você e disse: trate de ocupar a sua cabeça.

Por que uma pessoa te diria isso? Porque, de alguma forma, ela sabe que a ação mata a preocupação e cura o medo. Quando você está ocupado produzindo algo, sua mente se acalma.

Se você está em um momento de baixa energia, ferido na sua emoção ou magoado, saia já da inércia e vá produzir alguma coisa que valha a pena. Fuja do ócio, não fique sem nada para fazer. Mantenha-se em ação e você vai sentir mais clareza e perceber todo poder que tem de transformar a si mesmo e ao mundo ao seu redor. Aja, porque a ação vai curar o pessimismo e acalmar suas incertezas. Ocupe a sua cabeça de maneira produtiva.

2. Faça a coisa certa

Para ser sincero, não gosto muito da palavra "ocupar" porque ela passa uma ideia de "arrumar algo para fazer", mas isso não quer dizer que esse algo seja condizente com aquilo que você quer mesmo realizar. É preciso ter cuidado com isso.

Tem uma grande diferença entre estar ocupado produzindo e estar só ocupado com coisas que não têm a ver com seus objetivos. Há uma diferença enorme entre só se ocupar e ser realmente produtivo. Eu chamo de "falsos produtivos" aquelas pessoas que só se ocupam com coisas que não trazem resultado, sem nenhum critério planejado.

Falsa produtividade é quando você se ocupa só com o que não o faz avançar. Fica cavando um buraco, indo cada vez mais para baixo e não para a frente. Como você está cavando, tem a sensação de que está produzindo algo, dá até um sentimento de realização, mas, na verdade, só está se enganando.

A grande jogada aqui é: mantenha-se em ação, mas fazendo o que é certo. Não adianta só fazer as coisas bem-feitas, mas não fazer as coisas que precisam ser feitas. Quando você tem a soma dessas ideias – fazer as coisas certas bem-feitas –, tem a grande sacada, é aí que o resultado máximo vem.

Colocar-se na ação correta é um remédio poderoso. Se você tem o hábito de se preocupar demais, comece a focar nas suas ações. Execute aquilo que você sabe que precisa ser feito. Quando está ocupado executando alguma coisa que vale a pena, você não tem tempo para pensar em besteiras, nem em coisas negativas.

3. Mantenha relacionamentos positivos

Manter relacionamentos positivos é outra estratégia ótima para ajudá-lo a se fortalecer, a sair do mimimi e assumir uma postura mais vencedora. Ter uma roda de relacionamentos poderosa e de boa energia vai contribuir para você manter um estado energético elevado.

Nenhum ser humano é infalível ou autossuficiente, ou consegue manter sozinho seu equilíbrio emocional, de modo que não tenha de pedir ajuda para alguém, uma vez ou outra. Todo mundo precisa de apoio.

Em um círculo de bons relacionamentos, as pessoas costumam somar algo com você – e nunca dividir, nem subtrair. Crie um "ecossistema" à sua volta só com pessoas que somam, que acrescentam boas coisas e bons sentimentos e estimulam você para a ação correta.

O ser humano foi criado para viver em comunidade. Não é à toa que temos uma grande necessidade de pertencer a algo maior do que nós, como uma família, um time. A presença de

EU CHAMO DE "FALSOS PRODUTIVOS"
AQUELAS PESSOAS QUE
SÓ SE OCUPAM COM COISAS QUE NÃO
TRAZEM RESULTADO.

outras pessoas na nossa vida nos ajuda a ter uma visão expandida de nós mesmos e uma expectativa mais positiva do futuro.

A situação oposta a ter bons relacionamentos é a solidão, que favorece o pessimismo e turva a nossa mente. Se você não tem uma roda de amigos poderosa para trocar ideias, para desabafar, falar de um desafio, pegar um *feedback*, o mais provável é que se coloque em uma posição solitária com muita frequência, o que te deixa frágil e exposto à negatividade, comprometendo a realização dos seus sonhos e a sua qualidade de vida.

Dizem que para matar um ser humano sem tocar nele é só jogá-lo em uma ilha deserta, sem contato com ninguém. A solidão é tão cruel, e causa tanto sofrimento, que o maior castigo que se aplica nas prisões – e que é também o mais temido – é a solitária. Ficar ali por muito tempo enlouquece qualquer um.

Quando está só, sem ter o apoio de boas pessoas ao seu redor, o ser humano tem uma tendência maior de pensar antes nas possibilidades negativas. A gente sempre pensa muito mais na porcaria que pode dar em qualquer situação. Pensamos primeiro na possibilidade de algo dar errado e em todas as coisas negativas que podem surgir daquilo que estamos fazendo ou vamos fazer. Nossa tendência é focar no que não presta e, dessa maneira, alimentar o pessimismo e desenvolver o vitimismo.

Não é todo dia que você vai acordar motivado, que vai estar de bem com a vida e alegre. Não é todo dia que vai acordar bem-disposto, com as ideias claras e a confiança de que vai vencer. Vai ter dias em que vai precisar de alguém para chacoalhar sua cabeça, para tirar a negatividade.

É uma enorme vantagem ter alguém bastante positivo, cheio de bons valores, que costuma ser um exemplo a ser seguido e com quem você sabe que pode contar. Alguém que toda vez que telefona faz você ficar bem, sem nem mesmo saber ainda qual é o assunto da conversa. Pode até ser uma bronca o que essa pessoa vai lhe dar, mas, mesmo assim, você fica feliz em falar com ela, porque sabe que vai ter um *feedback* construtivo. E que a intenção dessa pessoa sempre é colocar você para cima, motivá-lo e lhe dar inspiração.

VOCÊ NÃO TEM QUE ALIMENTAR SÓ A PESSOA QUE É HOJE. TEM QUE ALIMENTAR TAMBÉM A PESSOA QUE DESEJA SE TORNAR.

Não há nada mais enriquecedor e gratificante do que receber uma palavra de incentivo, em um dia difícil, de alguém que diga que acredita em você, que você é muito maior do que imagina, que é capaz de ir em frente e vencer.

4. Alimente bem a sua mente

Alimentar sua mente com coisas positivas precisa ser uma rotina diária. É como alimentar o corpo: você tem que comer com regularidade e tomar cuidado com a qualidade do que come.

Mas há um detalhe que pouca gente percebe: você não pode pensar só em alimentar *o corpo que tem*, mas sim em alimentar *o corpo que quer ter*. O que você come hoje mata a fome do seu corpo atual, mas é também o que vai definir o corpo que você vai ter amanhã.

A mesma coisa acontece com a nossa mente, com o nosso modo de pensar. Você não tem que alimentar só a pessoa que é hoje. Tem que alimentar também a pessoa que deseja se tornar. Deve construir a mentalidade de quem você quer ser e alimentar a sua mente nessa direção.

Os alimentos essenciais para definir a nossa forma de pensar ideal são ótimos vídeos, bons áudios, bons livros, boas companhias, bons documentários, bons relacionamentos. Você tem que plantar boas sementes no seu cérebro.

É importante tomar cuidado com o que você planta. Se você quer enfoderar-se, não basta não plantar coisas negativas na sua mente. Também não pode deixá-la improdutiva. O grande engano que a maioria das pessoas comete é achar que quando não planta nada na cabeça, nada nasce. Mas não é assim que acontece. Não plantar nada não significa que ali "não vai nascer nada". Significa que ali vai nascer praga. Onde não se planta nada sempre aparece praga.

Por isso você tem que plantar sim e plantar coisas boas, plantar bons pensamentos em sua cabeça, todos os dias. Precisa manter sua mente ocupada com coisas construtivas e cheia de ideias positivas. Se você não alimentar seus pensamentos com as ideias certas, não vai conseguir gerar ideias positivas, propósitos positivos, que gerem melhores resultados.

NÃO PLANTAR NADA NÃO SIGNIFICA QUE ALI "NÃO VAI NASCER NADA". SIGNIFICA QUE ALI VAI NASCER PRAGA. ONDE NÃO SE PLANTA NADA SEMPRE APARECE PRAGA.

Lembre-se também que não existe semente que nasça em um solo de asfalto. Se o solo de sua mente é de pedras, duro e infértil, você tem que começar a mudar isso hoje. Comece procurando estar ao lado de pessoas que elevem a sua capacidade de agir, o seu estado emocional, o seu estado de espírito, a sua alegria. Comece a se posicionar como um solo mais fértil, onde todas as ideias e pensamentos construtivos e positivos possam germinar, crescer e dar frutos.

ENFODERAR A SUA AUTOESTIMA

Por que digo que você deve "enfoderar-se"? Porque gosto de provocar você, de causar uma inquietação, um incômodo, mas, acima de tudo, de chamar sua atenção e despertar a intenção e o desejo de mudança em sua vida. Porque a intenção é o que vem antes da mudança.

Quando você tem a intenção de mudar, já deu o primeiro passo para a transformação, já tem a inquietação que vai levá-lo a agir e transformar algo que sabe que pode melhorar. E é nesse desejo de transformação que vamos trabalhar, para aumentar seus resultados, conquistar o sucesso e também contribuir para tornar este mundo melhor.

Para conquistar seu espaço no mundo, transformar a sua realidade e contribuir para mudar a realidade das pessoas à sua volta, é preciso conhecer, aprender, praticar e usar mais o poder de "enfoderar a sua autoestima".

Com uma boa autoestima você é capaz de definir e visualizar toda a mudança que pode gerar, acreditar no poder que tem de agir e definir resultados.

A palavra autoestima veio do grego *autós*, que significa "a si mesmo", juntamente com a palavra *aestimare*, do latim, que quer dizer "valorizar, apreciar". Literalmente, autoestima significa valorizar a si mesmo.

A autoestima está ligada à confiança que a pessoa tem em si mesma, ou seja, a sua autoconfiança. Trabalhe forte para manter a sua autoestima e a sua autoconfiança, lembrando que, embora andem juntas, autoestima e autoconfiança não são a mesma coisa. Existe uma grande diferença entre autoestima e autoconfiança:

A autoestima tem a ver com como você acredita que o outro o enxerga, como é a imagem que pensa que o outro tem de você. Autoestima é uma qualidade de quem se valoriza. Já a autoconfiança tem a ver com o quanto você acredita em si mesmo.

A autoconfiança está relacionada com o quanto você acredita estar preparado para as batalhas que vai enfrentar. A autoconfiança é o quanto você acredita que outras pessoas colocariam a vida em suas mãos, se fosse preciso.

É importante também entender bem essa palavra tão usada, que é "confiança". Ela vem do latim *confidere*, que significa "acreditar plenamente, acreditar com firmeza". *Fidere* deriva de *fides*, que significa "fé". Podemos dizer que alguém que tem confiança é alguém que segue em frente com muita fé.

Existem dois pontos de atenção que quero ressaltar com relação a este assunto, pois eles ajudam a gente a melhorar a nossa autoestima e a nossa autoconfiança:

Conquiste pequenas vitórias

Pare um pouco agora e responda: qual é uma pequena vitória que você pode realizar hoje que te deixará mais perto do seu objetivo?

Mas tem que ser uma pequena vitória, algo simples, que você pode realmente realizar hoje. Não vale dizer que vai fazer um curso no exterior, por exemplo. Isso não é uma pequena vitória e não vai dar para você concluir hoje.

Uma pequena vitória pode ser acordar trinta minutos mais cedo para realizar uma tarefa a mais, ou ler algumas páginas de um livro, ou então fazer cinco ligações a mais do que faria em um dia normal na sua atividade. Tem que ser uma pequena conquista, mas que vai levá-lo para mais próximo do seu objetivo maior.

Isso é muito importante, pois aumentará o seu histórico de vitórias e a sua credibilidade em você mesmo. O seu currículo com você mesmo será aprimorado e você passará a se olhar com mais confiança. E a sua autoconfiança elevará a sua autoestima, gerando um movimento positivo para a frente, rumo à conquista de vitórias maiores.

Cuide de sua imagem e de sua maneira de falar

Outro ponto a que você deve dar atenção, para elevar sua autoestima e sua autoconfiança, é aprimorar dois instrumentos principais de agrupamento social: seu modo de se vestir e sua linguagem.

Quando nos vestimos bem até a nossa postura muda. E quando melhoramos nosso vocabulário aumentamos a nossa autoconfiança. Quando a gente aprende uma palavra nova, um recurso de linguagem, um modo diferente e mais apropriado de se expressar, a gente se comunica melhor e, além disso, a maneira como os outros nos enxergam se eleva.

Quando se veste bem e fala bem, você se sente enfoderado.

É muito importante ter o entendimento de que autoestima e autoconfiança estão entrelaçadas, são duas coisas que andam juntas e que fazem toda a diferença para quem busca o sucesso – a autoconfiança aumenta a autoestima e, por sua vez, a autoestima promove a autoconfiança.

Com baixa autoestima ou baixa autoconfiança, as pessoas acabam não fazendo o que é preciso, por receio de falhar. E com isso comprometem seus projetos e, muitas vezes, prejudicam toda sua vida.

Tem algumas posturas que costumo usar para aumentar a minha autoestima e a autoconfiança e trazer o sucesso para a minha vida.

1. Viva para si mesmo e não para o mundo

Existem pessoas que fazem tudo pensando no que o mundo vai achar delas. Vivem tentando agradar aos outros e esquecem que as únicas pessoas a quem têm que agradar de verdade são elas mesmas.

Quando faz algo para agradar ao mundo, você coloca sua perspectiva de vida em cima da aprovação alheia. E existe só uma forma de agradar a todos e não ser criticado: não querer nada, tornar-se um ninguém, não conquistar coisa alguma. Porque se você não se sobressair, ninguém vai se importar com a sua existência. Se "não quiser nada, não fizer coisa alguma, for um zé-ninguém, não conquistar nada", ninguém vai se importar com você.

Nunca faça nada esperando a aprovação dos outros. Se você for esperar a aprovação alheia e o consentimento do mundo para correr atrás do que quer, a grande verdade é que nunca vai fazer coisa alguma. Você vai ser infeliz, vai ter o sentimento de que não está fazendo o que deveria, ou mesmo que está fazendo a coisa errada.

Colocar a avaliação do seu desempenho em cima de coisas que você não tem controle não vai te levar aonde deseja chegar. Você precisa ir atrás dos seus sonhos, das suas metas, daquilo que te alimenta e te faz feliz.

É importante que você queira fazer uma diferença positiva na vida dos outros, mas nunca coloque o termômetro do seu bem-estar na opinião alheia, no que o outro vai achar do que você faz.

2. Fuja das comparações

Algumas comparações destroem tudo o que você conseguiu construir. É ótimo que você tenha alguém que admire e que sirva de referência para edificar o seu sucesso, mas não se compare com essa pessoa. Comparações acabam gerando frustração ou inveja. E nada disso vai levar você aonde quer chegar. Como disse o guru indiano Osho: "A comparação gera inferioridade ou superioridade. Quando você não estabelece comparações, toda inferioridade e toda superioridade desaparecem".

É, no mínimo, muito injusto com você se comparar com alguém. A única comparação recomendável e saudável é aquela que é feita só consigo mesmo. Como eu estava ontem e o quanto melhorei hoje? Como eu estou hoje e o quanto poderei melhorar amanhã? Esses são os referenciais que valem a pena ter.

Comparar-se com os outros é uma grande armadilha, porque a gente costuma se comparar com o que o outro tem de melhor, ou pelo menos só com o que o outro mostra, com o que ele nos deixa ver – e é muito difícil que as pessoas mostrem em público o seu lado pior. Dessa forma, é comum acontecer coisas como:

! Você comparar a presença de alguém no palco com os seus próprios bastidores.

- ! Você comparar o que o outro tem de melhor com o seu pior.
- ! Você comparar a fortaleza do outro com a sua fraqueza.
- ! Você comparar a destreza e a habilidade do outro com a sua deficiência.

É normal a pessoa se lamentar porque a grama do vizinho é mais verde e se frustrar com isso, sem levar em conta que a grama do vizinho pode ser sintética, falsa.

As mídias sociais estão cheias de provas disso. Tem gente que compara a vida com aquilo que os "amigos" postam e que sempre é "o melhor" da vida delas – porque eles "têm que mostrar" que são superiores, mesmo que seja algo *fake*. Comparar-se dessa maneira vai fazer você se sentir a pior pessoa do mundo, frustrada e fracassada, como se fosse "a mosca do cocô do cavalo do bandido". Isso não é justo com você mesmo.

O que os outros postam nas redes sociais é o quase perfeito, maravilhoso, é o paraíso, uma vida sem problemas, em que tudo é sempre alegria, repleta de entusiasmo. Afinal, estão postando para que todo mundo veja e capricham, posando de vitoriosos. Esse é o palco que querem mostrar. Mas e os bastidores dessa vida? Como são as coisas nos bastidores?

O palco da sua vida é uma coisa que todo mundo vê, mas os bastidores só você conhece. E os bastidores não têm tanto charme e beleza como os palcos.

Percebeu como se comparar com os outros é algo muito injusto com você mesmo?

É diferente quando existe alguém que nos inspira e trocamos a inveja pela admiração. Assim, o sucesso do outro se torna um convite para a nossa superação e estimula a nossa vitória. Saber que alguém está muito bem e que você pode tê-lo como referência e fazer igual, eleva sua autoestima, sem conectar sentimentos negativos que poderiam detonar o seu sucesso.

Evite se comparar porque isso atrapalha muito sua vida e tira sua energia, tornando mais difícil fazer acontecer o que você deseja realizar. Fuja das comparações, mantenha sua autoestima e sua autoconfiança na energia certa.

O PALCO DA SUA VIDA É UMA COISA QUE TODO MUNDO VÊ, MAS OS BASTIDORES SÓ VOCÊ CONHECE.

3. Pare de buscar a perfeição

Perfeição é uma fantasia que só atrapalha. Costumo dizer que buscar a perfeição é a coisa mais idiota do mundo. Todo mundo persegue, mas ninguém alcança porque é algo que não existe.

Basta imaginar que se todos fôssemos perfeitos, ninguém teria nenhuma qualidade digna de ser notada. Tudo seria uma chatice, sem desafios, sem evolução, sem crescimento, sem a satisfação de conquistar cada degrau que nos colocasse mais acima na nossa jornada.

Se a perfeição existisse e todos chegassem a ela, você não teria as qualidades únicas que são o diferencial da sua marca, não teria as características que formam sua personalidade diferenciada, não teria os atrativos que fizeram com que sua companheira, ou companheiro, se apaixonasse por você. Se todos fossem perfeitos, não haveria espaço para aquele algo mais que torna você único e especial.

Se todo mundo fosse perfeito ninguém seria lembrado como "um cara tão amigável", "uma pessoa incrível, proativa", "alguém alegre, bem-humorado". Todo mundo seria farinha do mesmo saco. Se todo mundo tivesse todas as qualidades, todo mundo seria sem sal. Eu adoro comer salada de palmito. Mas que graça teria se toda salada fosse de palmito, todo dia? A graça da vida é aquele tempero especial que cada um tem.

A perfeição é impossível e não deve ser colocada como meta. Quem busca a perfeição diminui a autoestima e abala a autoconfiança, porque tudo deixa de ter sentido em sua vida diante de um objetivo que não pode ser atingido. Faça o seu melhor sempre, mas fuja da vontade de ser perfeito.

4. Nunca "pare" para analisar seja lá o que for

Nunca siga adiante sem analisar como andam as coisas. É preciso ter certeza que você está no caminho certo, ou se precisa corrigir algo. Analisar faz parte do jogo e é necessário para você seguir rumo ao sucesso sem perder energia ou tempo. Quem não analisa a própria caminhada, os ganhos e as dificuldades, torna-se descuidado na realização dos sonhos.

SE TODOS FÔSSEMOS PERFEITOS,
NINGUÉM TERIA NENHUMA QUALIDADE
DIGNA DE SER NOTADA.

Seguir em frente sem perceber a situação e sem resolver os problemas nunca dá bom resultado. Esteja atento ao que está acontecendo enquanto você avança, analise cada passo. Mas preste atenção ao seguinte: nunca "pare" para analisar. Tem gente que para o próprio movimento por completo, apenas para analisar como andam as coisas. E quem para de caminhar atrasa o sucesso. Se não encontra um problema, ele cria um.

O avião cai se o piloto parar para analisar se está indo para o lugar certo. A bicicleta cai se você parar para analisar a sua rota. O prato cai se o equilibrista parar de rodá-lo para ver se está rodando certo. O equilíbrio se dá no movimento. A vida é movimento e parar nunca é uma ideia razoável, quando você quer continuar a progredir.

Você deve parar atividades que são ineficazes ou que te atrapalham, deve parar com negócios que estejam indo contra a ética ou o seu propósito, mas jamais pode parar uma atividade que está dando certo só para analisar como andam as coisas.

Existem pessoas que param uma atividade produtiva, algo que estava fazendo bem a elas, só por conta de algum pequeno inconveniente ou dificuldade, e rompem uma rotina positiva que não vão conseguir retomar depois. Quantas vezes você já parou de fazer algo para analisar se estava tudo certo, mas depois não conseguiu voltar aos padrões que estavam funcionando? Quantas vezes percebeu que algo deixou de dar certo só porque perdeu o ritmo da caminhada?

É claro que na sua jornada vão surgir dificuldades, vai haver problemas. Problemas todo mundo tem e não tem como fugir deles. Mas você pode percebê-los e resolver sem ter que parar o que vem desenvolvendo. Analise seus resultados, reconheça os problemas e os resolva, mas faça isso tudo enquanto caminha rumo ao sucesso.

Lembre-se que o que traz a vitória é se manter em movimento. Portanto, fique alerta para saber se tudo está bem, mas mantenha-se sempre seguindo em frente. Nunca pare para analisar ou você vai baixar sua autoestima e sua autoconfiança irá junto para o buraco.

5. Perdoe e aproveite seus erros

Vou te dizer uma coisa: não existe um só erro no mundo que não sirva para algo. Penso que se existem erros, eles sempre devem servir para alguma coisa, porque nada na natureza é inútil.

Cada erro é um ponto de aprimoramento na vida. Eles vêm para nos orientar, abrir nossa mente e nos tornar mais fortes. Os erros que cometemos servem para nos ensinar e nos ajudam a evoluir, são parte do nosso processo educativo. Nossos pontos de maior crescimento são os momentos de nossas falhas.

Todo problema e todo erro têm também uma bênção equivalente, ou maior, que é o ensinamento que ele traz. Muitas pessoas já tiveram *insights* incríveis após um grande tropeço.

O problema é que muitas vezes a gente não admite o erro, não reconhece a falha que cometeu. Isso não faz muito sentido porque, uma vez que o erro já foi cometido, o melhor a fazer é ver o que dá para aproveitar dele, qual foi o presente que ele trouxe, que lição está nos oferecendo.

É impressionante, mas ainda tem muita gente que não se arrisca a fazer alguma coisa com medo de errar. E perdem as grandes oportunidades da vida. Mark Zuckerberg, criador do Facebook, disse: "É melhor você tentar algo, ver não funcionar e aprender com isso, do que não fazer nada". Se você não se arriscar, vai perder a oportunidade de acertar e também de errar, e com isso ter grandes aprendizados.

Agora, tem um segredo para lidar com os erros de maneira mais positiva e proveitosa: é preciso relaxar e não deixar que eles se tornem um tormento para você. Tem gente que é muito dura consigo mesma e quando comete um erro fica se martirizando por causa disso.

Perdoe seus erros. Não seja tão duro com você mesmo, porque isso não leva a nada e só causa gasto de tempo e energia – e desperdiça o aprendizado que vem com o erro.

Todo mundo erra, seja nos negócios, na vida pessoal, nos relacionamentos. Perdoar-se por um erro cometido é o primeiro passo para que a lição seja aprendida e para reunir energia boa para continuar no caminho para o sucesso.

Reconheça seus erros. Essa é a comprovação de que a lição foi aprendida. Mas não se torture por ter errado. Errar é humano, reconhecer é nobre, agora, perdoar é divino! Absorva o aprendizado, agradeça e siga em frente. Se você errou, e aprendeu com isso, vai poder ajudar outras pessoas que passam pelas mesmas dificuldades.

Tenha sempre em mente a intenção de fazer o seu melhor, uma grande e boa vontade de ajudar as pessoas, o propósito de fazer o bem. E, quando errar, aceite que isso faz parte da caminhada e das lições que precisava aprender.

Gosto muito de uma frase que sempre digo para as pessoas: "Perdoar é poder lembrar sem sentir dor" – é quando você se liberta de um erro que cometeu consigo mesmo, ou que alguém cometeu com você. Quando perdoa, você se livra daquilo que está amarrando a sua vida.

Habitue-se a perdoar seus erros e os erros dos outros e aprenda com eles. Seu caminho para o sucesso vai ficar mais simples e sua jornada vai ser muito mais gostosa.

***

Essas cinco estratégias vão ajudar você a garantir mais sucesso e felicidade em sua vida. São grandes sacadas que tive e que mudaram o modo como cuido da minha autoestima e da autoconfiança e tenho certeza que vão ajudar você também a fazer uma revolução positiva na sua vida.

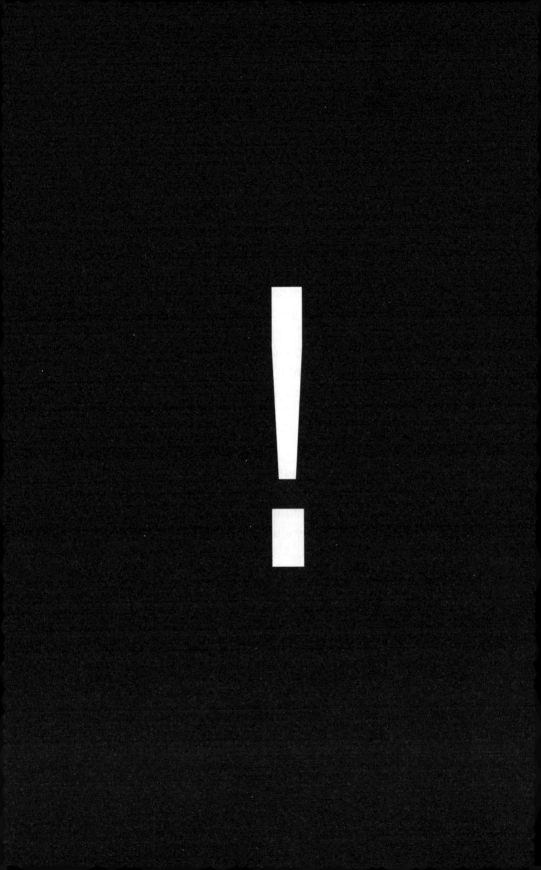

EVITAR FAZER O QUE É PROIBIDO

Note uma coisa bem interessante: todo aparelho que usamos tem um manual de instruções, todas as associações têm suas regras, todos os grupos têm seu modo de agir bem definido – mesmo que muitas vezes não esteja escrito.

É importante perceber que, quando vivemos em sociedade, temos que seguir certas regras para que possamos conviver de maneira civilizada. Em especial, quando construímos alguma parceria nos negócios, é fundamental seguir uma espécie de "manual da boa parceria", para que tudo funcione direitinho e os objetivos sejam conquistados.

É claro que se existem regras de conduta, existem algumas proibições que são necessárias para o bom andamento da relação. Entrar nesse campo proibido significa colocar em risco um relacionamento, uma parceria, uma amizade, uma sociedade.

Mas é preciso entender que a palavra "proibido" tem mais o sentido de proteger do que de punir ou limitar o seu desenvolvimento ou dos seus parceiros. É como quando um pai proíbe o filho de fazer algo perigoso, para que ele não se machuque, ou algo que ainda não está na competência da criança realizar. Tudo tem o sentido de proteger o filho e não de tirar dele alguma possibilidade, ou limitar o seu desenvolvimento.

O que considero como uma das estratégias mais interessantes para você se enfoderar de verdade é ter o bom senso de evitar fazer o que é proibido. Muita gente fica focada em saber tudo o que deve fazer, mas poucas pessoas sabem direito "o que não se deve fazer". É importante compreender que saber o que não fazer, pela lógica, já exclui muitas possibilidades de erros.

Quais caminhos você não deve percorrer? O que você não deve fazer?

Se a gente tivesse todo o tempo do mundo, qualquer coisa seria possível, qualquer erro seria aceitável, desde que viesse acompanhado de um bom aprendizado. Mas, infelizmente, ou felizmente, a gente não tem todo esse tempo e, por essa razão, não podemos gastá-lo fazendo coisas que não nos ajudem a chegar aonde queremos.

Neste capítulo vamos falar de algumas coisas que talvez você esteja fazendo e que precisa parar, com urgência.

1. Pare de andar com as pessoas erradas

Você tem que escolher as pessoas certas para estarem ao seu lado. Pare de andar com pessoas que não acrescentam nada ao seu projeto de vida.

Quando falo em pessoas erradas, não quero dizer que elas sejam pessoas do mal, mas sim que não estão buscando aquilo que você deseja. Quando digo que alguém é tóxico para você, significa que aquela pessoa não multiplica ou não soma esforços na sua caminhada. E isso pode acontecer porque os objetivos dela são diferentes dos seus.

Vou dar um exemplo do cotidiano de alguém casado. Quando a pessoa casa ela para de andar com os amigos solteiros e os "baladeiros". Isso acontece de um modo natural, porque, por intuição, percebe que, se continuar com um relacionamento próximo com esses companheiros de farras, vai prejudicar o casamento – não estou dizendo que deve terminar a amizade, mas não dá para continuar indo para a farra como quando era solteiro.

Percebe? Não é que aqueles amigos estão em um caminho errado e a pessoa precisa se afastar. Só que o trajeto deles não é mais o mesmo de quem se casou. E é bastante claro que se mantiver uma proximidade muito grande com aqueles amigos, isso vai prejudicar o novo caminho que ela assumiu ao se casar.

É preciso se manter ao lado de quem valoriza e busca as mesmas coisas que você. Porque quando está ao lado de alguém que escolheu o mesmo caminho, vocês aprendem juntos e ajudam um ao outro a permanecer na rota e a avançar com mais energia. Tudo se soma, e os resultados se multiplicam, porque os dois estão pegando a mesma estrada.

Preste atenção à sua volta e perceba que o ambiente por onde você transita é muito importante. É do solo fértil que você pode tirar novos conhecimentos que vão ajudá-lo a progredir. Quando digo que um ambiente tem solo fértil, estou dizendo que as pessoas que estão ali são positivas e motivadoras, além de serem grandes exemplos do sucesso que você procura.

Olhe à sua volta e perceba como a energia das pessoas influencia o seu desempenho pessoal e profissional. Procure avaliar como a negatividade de certas pessoas acaba afetando sua produtividade e o seu prazer de fazer o que precisa ser feito e, como consequência, afastando você do sucesso.

A prosperidade, profissional ou pessoal, não acontece quando você frequenta ambientes com pessoas nocivas, desarmônicas, negativas, desestimulantes. A energia negativa tem influência forte sobre os nossos pensamentos e a nossa forma de agir, de modo que é preciso nos afastarmos dela para progredir.

No dia a dia, temos de enfrentar energias tóxicas vindas de pessoas que não acreditam em nossa capacidade de ter sucesso, ou que tentam nos limitar porque não se sentem à vontade com nossa disposição para vencer, ou ainda de pessoas que tentam jogar em cima de nós suas próprias incompetências. Essas são situações que, se deixarmos, limitam o nosso crescimento.

Não importa todo o conhecimento e a boa disposição que você tenha, se seu ambiente estiver contaminado por pessoas com esse tipo de energia, o sucesso ficará mais difícil de ser conquistado.

Por outro lado, um bom ambiente, com pessoas de boa energia, vai pesar a seu favor. Quando evitamos pessoas e ambientes tóxicos, que não dão condições de as boas sementes germinarem e se desenvolverem, tudo flui melhor e o sucesso se torna uma realidade cada vez mais próxima.

Por essa razão, é preciso evitar ambientes com pessoas negativas, sempre que for possível. E se não for possível evitá-las, pelo menos temos de ter atitudes que funcionem como uma blindagem para que não sejamos tão afetados pela negatividade.

Em geral, a maior dificuldade para evitar pessoas negativas acontece quando elas são muito próximas e até mesmo

PARAR DE ANDAR COM AS PESSOAS ERRADAS É TÃO IMPORTANTE QUANTO PROCURAR ANDAR COM AS PESSOAS CERTAS.

importantes em nossa vida. Nesses casos, será preciso ter muita determinação e agir de modo bastante consciente, para que alcancemos a um ponto de convivência saudável para todas as partes envolvidas.

Em resumo, é muito importante ter em mente que as pessoas com quem convivemos determinam o quanto o solo nos ambientes que frequentamos é fértil, ou não. O ideal é fazer uma análise de todos os ambientes que frequentamos no nosso dia a dia e verificar quais deles são positivos, transformadores, e quais devem ser evitados.

Mapeie o seu dia e liste todos os ambientes que você frequenta. Pense em sua casa, no seu trabalho, na academia, na igreja e em todos os vários ambientes que fazem parte da sua vida. Depois, para cada um deles, responda a estas perguntas:

! As pessoas nesse ambiente favorecem o surgimento de coisas boas?

! Esse ambiente favorece boas iniciativas, grandes ideias, criatividade e soluções de problemas?

! Nesse ambiente, as pessoas são ricas em positividade, otimismo, boas atitudes, controle emocional e promovem as ações corretas e necessárias ao meu sucesso?

Quando as respostas a essas perguntas mostrarem que as pessoas nesses ambientes favorecem o seu sucesso, passe mais tempo nele. Caso contrário, procure restringir tanto quanto puder o tempo que fica nesses locais.

Parar de andar com as pessoas erradas é tão importante quanto procurar andar com as pessoas certas.

2. Pare de fugir dos seus problemas

Aproveitando uma brincadeira que apareceu nas redes sociais, costumo dizer que quando surgem os problemas as pessoas podem ser um "Positivo Raiz" ou um "Positivo Nutella".

O "Positivo Raiz" é aquele que reconhece os problemas que tem, mas só discute sobre as soluções. Não fica se lamentando, adiando providências, ou mesmo ruminando problemas.

SE VOCÊ QUER UM MILAGRE, É PRECISO
QUE VOCÊ MESMO SEJA ESSE MILAGRE.

Já o "Positivo Nutella" é quem sabe dos problemas que tem, mas joga tudo nas mãos de Deus. Tudo bem ter fé, isso é muito bom. Mas essa pessoa não entende que é ela quem tem que fazer o milagre na sua própria vida, é ela quem tem que resolver os desafios que a existência coloca em seu caminho.

Se você quer um milagre, é preciso que você mesmo seja esse milagre. Não dá para ficar o tempo todo fugindo dos problemas, achando que eles se resolverão sozinhos. Quanto mais fugir dos seus problemas, mais poder você dará a eles.

Algumas pessoas têm o hábito de não resolver seus problemas de imediato e ficam adiando a solução: de hoje para amanhã, para depois, e vão empurrando com a barriga. E essa é uma péssima ideia com péssimas consequências.

Sempre digo que problema é igual a despertador: se você não desligar, ele vai continuar tocando e incomodando para sempre. Mas, por incrível que pareça, tem muita gente que não costuma desligar o despertador logo que ele toca pela manhã. E passa o dia escutando aquele barulho insuportável.

Quando você não resolve os problemas de imediato, logo quando eles surgem, deixa tudo para depois e vai empurrando com a barriga, é certeza que qualquer pequena dificuldade vai acabar se transformando em um grande complicador.

Um pequeno problema em sua equipe, por exemplo quando um dos seus parceiros tem uma atitude derrotista, pode se transformar em grandes dificuldades, se você não der a atenção certa para a situação. Se você faz vista grossa e não soluciona imediatamente, aquilo contamina toda a equipe e acaba afetando os resultados.

Já tive um caso muito sério dentro de minha equipe de negócios, com uma pessoa que só apontava problemas sem nunca contribuir com ideias para a solução. Mas eu insistia em dizer: "Ah, deixa pra lá! Uma hora ela percebe que está errando, uma hora compreende e tudo se resolve".

Mas a situação não se resolveu e, depois de algum tempo, aquilo influenciou toda minha equipe, todo mundo começou a ver problemas em todo canto, mesmo onde não havia, as vendas naquele grupo despencaram, os resultados ficaram muito pobres e muita gente desistiu do negócio por causa disso. E o meu esforço para restaurar a energia do grupo teve que ser infinitamente maior do que seria necessário para corrigir o problema quando ele começou a acontecer.

Se você tem um problema e procrastina a solução, torna esse problema mais complicado e difícil de resolver. Pior ainda, quanto mais você deixa o problema se alimentar do tempo em que o deixa de lado, mais força e poder dá a ele. Quanto mais o problema permanece sem solução, mais chances ele tem de se alimentar de outros problemas e se tornar ainda maior.

Um problema não resolvido continua a atrapalhar e incomodar durante todo o tempo em que não for solucionado. Mais ainda: o incômodo só vai aumentar. Só que tem gente que só se mexe quando a dor fica grande demais para aguentar.

Não espere até a dor causada pelo problema se tornar insuportável, para só então resolvê-lo. Resolva logo que ele surgir. Desligue o despertador logo na primeira oportunidade, na primeira vez em que ele tocar.

Insisto bastante nesse ponto porque, como eu disse, já deixei de resolver muitos problemas no mesmo dia em que eles surgiram e me arrependo muito disso. Naquela época, eu pensava "Não estou a fim de lidar com isso agora. Depois eu resolvo." – dentro daquela mania de procrastinar, de deixar para amanhã o que se pode fazer hoje. Mas, quer saber? Tive muito mais trabalho e prejuízo em todas as vezes que adiei a solução de um problema. Acabei alimentando o monstro que me atormentava.

Quanto mais tempo passa sem que achemos uma solução, mais força damos para os problemas, maior fica o monstro, mais ele enraíza e se complica. E tudo se torna mais difícil.

Quando olho para trás, tanto na minha vida pessoal quanto na profissional, vejo que muitos problemas que eram bem simples se tornaram mais complicados porque dei tempo para que eles crescessem e ficassem mais fortes.

Em um safári que fiz na África, fiquei impressionado como o leão é imponente e poderoso. Poucos animais têm coragem de enfrentá-lo e poucos são capazes de vencê-lo. Gosto de usar o leão para simbolizar um grande desafio, um grande imprevisto, um grande problema. E quanto maior o leão, mais complicado é lidar com ele.

Pensando nisso, descobri uma estratégia para me manter alerta sobre os problemas, que mudou minha vida e simplificou muito meus caminhos. Percebi que devemos matar o leão enquanto ele ainda é pequeno. Depois ele ganha força e sai do controle. Isso vale para todos os campos da vida, profissional e pessoal.

Seja qual for o tipo de problema que você tiver de enfrentar, o melhor é agir de imediato. Não subestime um problema e nem deixe de lhe dar a atenção necessária. Não o ignore, porque você não tem ideia de que tamanho ele pode ficar.

Existem muitas circunstâncias em nossa vida hoje que são muito desafiadoras, mas que em suas raízes, quando começaram a se manifestar, eram bem simples. Tudo se complicou porque não as resolvemos logo e deixamos que tomassem corpo e se complicassem.

Todo grande tronco, toda grande árvore, foi uma pequena mudinha no início de sua existência. Todo grande problema começou pequeno. Se ele cresceu e criou raízes que podem abalar a estrutura, foi porque deixamos que isso acontecesse.

No início da minha época escolar eu nunca passava direto de ano, sem ter de fazer recuperação. E passava o Natal e as festas estudando para os exames e perdia todo o lazer das férias. Enquanto todo mundo da minha sala já estava tranquilo e se divertindo eu ainda estava estudando e tinha que aprender todo o conteúdo de um ano inteiro em pouco de tempo.

Era uma situação muito desafiadora e preocupante, cansativa, desgastante, que eu poderia ter evitado se estudasse direito durante o ano, se cuidasse de cada problema à medida que eles fossem surgindo. Mas eu não fazia isso, empurrava com a barriga e achava que tudo iria se resolver. Depois eu precisava arcar com os prejuízos, e nem mesmo podia culpar ninguém, porque eu sabia que a culpa era mesmo minha.

RESOLVA OS SEUS PROBLEMAS ASSIM QUE ELES APARECEREM.

Adiar a solução só complica as coisas. E depois não adianta reclamar, dizendo que demos azar, ou que tudo está contra nós. Somos nós mesmos que deixamos aquele leão tomar forma e crescer, dando tempo a ele para que ganhe força.

A complicação é reflexo do tempo que a gente demora antes de decidir resolver um problema. Se alguma coisa está incomodando você, vá resolver essa situação.

Pare de fugir dos seus problemas. Enfrente cada situação quando elas surgirem, com coragem e determinação. Tocou o despertador, desligue logo! Surgiu um problema, resolva na hora! Mesmo que você não esteja com paciência para cuidar da situação, mesmo que a sua motivação para enfrentar o problema esteja baixa demais, pense que vale mais a pena agir logo e acabar com a dificuldade que surgiu.

Adote uma postura proativa. A partir de agora, comece a matar todos os leões enquanto ainda são pequenos. Não dê poder aos seus problemas. É você quem decide o tamanho do problema que quer enfrentar.

3. Pare de colocar suas necessidades em segundo plano

Se você quer enfoderar-se de verdade, nunca coloque suas necessidades em segundo plano. Para atingir seus objetivos você precisa estar forte e bem preparado, em condições de ir para a luta e vencer.

Se o seu propósito é fazer um bem maior no mundo, você tem que priorizar o seu crescimento em primeiro lugar. Uma pessoa não pode ajudar a outras se ela mesma não estiver bem, não estiver forte o suficiente para estender a mão e levantar o outro.

Se você já viajou de avião, com certeza ouviu o comissário dizer: "Em caso de emergência, máscaras de oxigênio cairão automaticamente. Coloque sua máscara antes de auxiliar alguém que precise de ajuda". A primeira vez que ouvi isso me chocou um pouco. Só que depois consegui entender que nunca vou conseguir ajudar alguém em algo em que eu também tenha problemas.

Você nunca vai conseguir ajudar alguém a respirar se você mesmo estiver morrendo asfixiado. Nunca vai conseguir ajudar seu filho a ser feliz se você for infeliz. Não vai conseguir fazer seu filho entender que ele precisa amar o que faz, sendo que você é infeliz naquilo que faz. Você nunca vai conseguir convencer alguém a valorizar a saúde que tem, se você não der importância aos cuidados com sua própria saúde, ou se tiver com sobrepeso e sem boas regras nos cuidados com seu corpo e com sua mente.

Pare de colocar suas necessidades em segundo plano. Pare de colocar os outros em primeiro lugar. Porque tem muita gente que é assim: se coloca sempre por último, como menos importante, nunca pensa em si mesmo. Tem gente que "se mata" pelo outro.

Não estou dizendo aqui que você não deve se importar com os outros. Acho ótimo você querer se doar, estender a mão. Contribuir também é parte do seu papel na vida. Apenas não esqueça de si mesmo em função de se dedicar aos outros. Ao valorizar e priorizar a si mesmo, vai estar pronto e em melhores condições para cuidar do outro, quando for necessário.

Uma situação ainda mais crítica em que as pessoas deixam de cuidar de suas prioridades pessoais em função dos outros é quando tentam agradar a todo mundo. Chamo isso de "A fórmula do fracasso", que leva a pessoa a ser derrotada em tudo o que quiser fazer.

A fórmula infalível do fracasso, a única maneira garantida de alguém fracassar em qualquer coisa, é tentar agradar a todo mundo. Porque, além de deixar a si mesmo em segundo plano, você vai descobrir que é impossível agradar a todos. Você nunca vai conseguir alcançar esse objetivo.

Não considero que agradar aos outros seja um defeito. Pelo contrário, pode ser até uma virtude muito bem-aceita, se você agir com consciência e intenção bem definidas. O problema é quando se deixa que isso se torne o seu objetivo principal de vida. Nesses casos, é muito comum você abrir mão de si mesmo para satisfazer os outros.

A pessoa mais importante que você tem que satisfazer é você mesmo. Você precisa priorizar e respeitar seus próprios motivos, seus propósitos, seus valores e suas metas.

É importante entender que isso não se trata de egoísmo. Pelo contrário, buscar o sucesso pelos seus próprios motivos pessoais, e gerar um impacto positivo ao seu redor quando conseguir, torna o seu sucesso o sucesso de todos.

Insisto em dizer para as pessoas que prefiram viver felizes e agradar a si mesmas antes de tudo. É isso que vai colocá-las no caminho do sucesso. Depois, será possível partilhar esse sucesso com quem se importa.

Quando você passa a não se incomodar mais com a opinião externa, significa que está pronto para fazer as grandes mudanças necessárias na sua vida. Esse é mais um sinal de que você deve avançar na sua trilha para as grandes conquistas. Quando deixa de se importar demais com a opinião alheia, isso é transformador. Você passa a construir sua própria realidade, com base naquilo que dá valor.

Nunca condicione sua felicidade ou o seu sucesso à aprovação de terceiros. Pois quando você entrega a responsabilidade pela sua vida a outro, é o mesmo que morrer mais cedo. Para mim, morrer é quando você não é mais o senhor da sua vida. É você terceirizando sua existência para alguém, condicionando sua felicidade à aprovação de outras pessoas.

A opção de viver para o outro, em função do outro, vai torná-lo infeliz, porque só você sabe o que é importante na sua vida, o que o preenche, o que o completa, do que gosta.

Para completar estas ideias, gosto muito de dizer que amor é quando você coloca uma necessidade de alguém à frente das suas. Mas mesmo nesse caso isso não pode ser sempre unilateral. É preciso equilibrar essa relação, com as duas partes se doando e recebendo, para que o relacionamento e o amor se fortaleçam.

4. Pare de ter medo de cometer erros

Como dizem no meio do empreendedorismo de hoje, "o sucesso é composto de 99% de fracasso". Ou seja, é quase impossível chegar à vitória sem nunca ter fracassado. É preciso entender e aceitar que o erro faz parte do crescimento, do aprendizado

A ÚNICA MANEIRA GARANTIDA DE ALGUÉM FRACASSAR EM QUALQUER COISA É TENTAR AGRADAR A TODO MUNDO.

necessário para conquistar a vitória. É errando, aprendendo, revisando, melhorando, aprimorando, que se chega aonde se quer.

O melhor empreendedor que você pode conhecer com certeza errou muito durante a carreira, até adquirir a habilidade de acertar com mais frequência. Os melhores técnicos dos esportes falharam muitas vezes, até compreenderem o caminho que levaram suas equipes à vitória. O erro é parte importante no caminho dos campeões da vida. Quem tem medo de arriscar, por medo de errar, nunca vai chegar ao pódio.

Observe a carreira de qualquer pessoa de sucesso e você vai perceber que ninguém vence logo na primeira tentativa. Por isso, comece a avaliar seus fracassos, repare bem em seus erros e seja compreensivo com você mesmo. Tudo bem se do seu chute não saiu o gol. Mas se ele explodiu no travessão, você tem muito com o que se motivar. O gol está próximo, só é preciso fazer pequenos ajustes e insistir na jogada.

É preciso ter a consciência de que os erros não podem ser ignorados, nem desperdiçados. É muito importante reparar no que está acontecendo na sua caminhada e perceber e entender os seus fracassos. Só assim você vai poder transformá-los em lições que vão levá-lo mais próximo dos seus objetivos.

Além de aprender com os erros, o sucesso exige que você seja persistente. Mas é preciso cuidado nesse ponto, porque não estamos falando aqui de insistir no erro. Isso só leva ao desgaste e ao desânimo.

A pessoa persistente é aquela que faz o que tem que ser feito, pelo tempo necessário, ajustando a rota de forma coerente e absorvendo os aprendizados do caminho. Ela planeja, executa e revisa, calibrando suas ações até chegar ao destino.

É bem diferente de ser teimoso. Quem é teimoso insiste em fazer tudo da mesma maneira, mesmo que seja de modo errado. Insiste no erro porque acredita que aquele é o único jeito de fazer o que é preciso. Assim, não aprende com a vivência e não corrige a rota para chegar aonde deseja.

Os erros são as máquinas que dão polimento à pedra rara e valiosa que é você. Sem eles, você continuaria como pedra bruta.

O OPOSTO DO SUCESSO NÃO É O
FRACASSO. O FRACASSO É UM PONTO
DE PASSAGEM PARA O SUCESSO.

Por isso mesmo, ter medo de errar não é uma opção. Se você tem medo de errar, significa que não vai progredir. Simples assim.

Evoluir dói, machuca. Mas é o que leva ao aprendizado e à vitória. Não existe crescimento sem a possibilidade da tentativa, sem a permissão para falhar, ou paralisado pelo medo de errar. Se não houvesse riscos na jornada, não haveria ganho e valor nas vitórias.

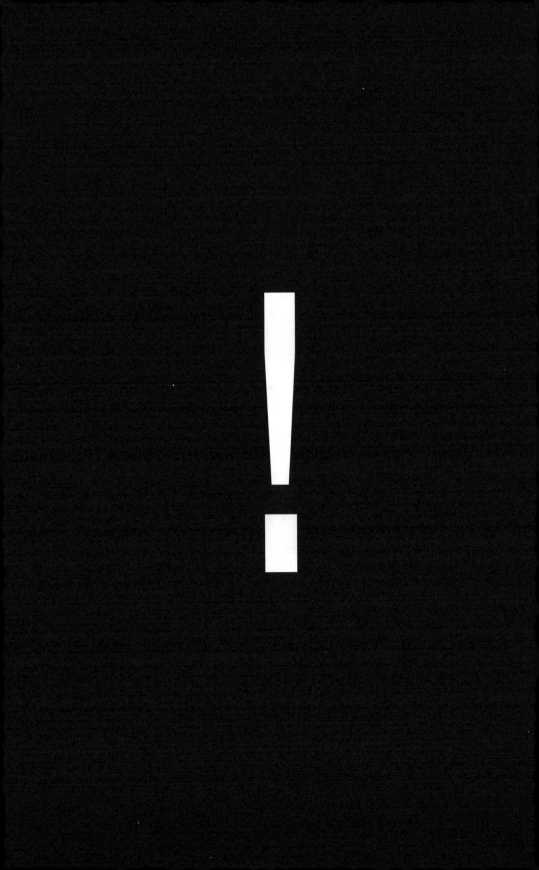

EXTERMINAR O PESSIMISMO, SEM MIMIMI

Hoje em dia, as pessoas têm um péssimo hábito que gera não só a ansiedade, como também tira a energia e a atitude de vencer: o "mimimi", ou, ainda, a mania de reclamar de tudo, o vício de olhar para tudo com pessimismo.

Boa parte desse comportamento ocorre devido à agitação do mundo atual, que estressa e as deixa a todos ansiosos, e ainda faz com que as pessoas se escondam atrás de desculpas para suas falhas. Muita gente vive com o piloto automático ligado, e não para de reclamar dos problemas. Cada pequena dificuldade que surge, elas se põem a reclamar. Uma grande perda de tempo e de energia.

Problemas todo mundo tem. E se você não tem, com certeza não está vivendo tudo o que poderia de uma forma que valha a pena.

É preciso deixar o hábito de reclamar de lado. O maior investimento que pode fazer é se especializar em buscar soluções para as dificuldades que surgirão na sua vida.

Gosto de insistir em chamar a atenção para o fato de que reclamar não leva a lugar algum. Costumo dizer que reclamar deveria ser escrito "re-clamar". Clamar significa pedir, solicitar ou até mesmo implorar. E "re-clamar" seria alguma coisa como insistir em manter a atenção em algo negativo, que você não gosta ou não quer na sua vida – porque a palavra reclamar, quando aparece, sempre está associada a alguma coisa negativa.

Sendo bem direto, considero a reclamação o princípio da estupidez, porque quando reclama a pessoa insiste em uma autossabotagem, persiste em um processo de autoenvenenamento. É como areia movediça: quanto mais você "re-clama", mais afunda na situação que não deseja.

A reclamação nada mais é do que ficar relembrando de algo que o diminui. É se colocar em uma posição inferior. É falar várias vezes para si mesmo que você não é capaz de fazer algo, ou que aquilo que lhe aconteceu não foi bom. É insistir em trazer à tona algo que o prejudica. Em outras palavras, reclamar é você se tornando o seu pior adversário, pois está trabalhando contra seu próprio sucesso e sua felicidade.

Quem reclama tem na boca palavras que contaminam sua própria vida. Faça uma autoanálise, com esta reflexão: Se você fosse alimentado por tudo o que diz, você seria nutrido ou envenenado? Suas conclusões sobre isso vão lhe mostrar se o que diz com frequência está te colocando no caminho do sucesso ou do fracasso.

Costumo fazer isso regularmente, e recomendo que você também faça: uma autoanálise periódica, para perceber como está o meu comportamento. Faço com bastante atenção porque sei que a maioria das nossas reclamações passam despercebidas por nós. Reclamamos e nem mesmo nos damos conta disso. Não percebemos o quanto destilamos essa energia negativa, o quanto colocamos veneno nas nossas palavras e pensamentos.

Procuro treinar todo dia o hábito de não reclamar e me cobro ficar o máximo de tempo possível sem fazer uma única reclamação. Parece fácil, não é mesmo? Mas saiba que um dos maiores desafios do desenvolvimento pessoal é ficar sete dias sem reclamar de absolutamente nada.

Experimente. Comece com um tempo menor. Comprometa-se a ficar sem reclamar de nada por uma hora, por exemplo. Você não pode reclamar do tempo, do trânsito, do clima, de nada. Você não tem noção de como isso é desafiador e difícil. E é transformador, quando você consegue.

Na maioria das vezes, as pessoas não conseguem ficar quinze, vinte minutos sem reclamar. Porque começam a se colocar em um modo de percepção daquilo que pensam e dizem, e fica muito claro como reclamam com uma frequência absurda.

Reclamar é sentir pena de você mesmo. E isso faz com que se sinta um coitado, uma vítima das circunstâncias. E quando se enxerga como vítima, significa que você aceita que não há nada que possa fazer de diferente para melhorar sua situação. Você perde o poder de mudar a realidade que o incomoda. Quando se coloca como vítima, você joga fora a chave do baú das oportunidades de melhorar.

Toda pessoa que se coloca como vítima nega que a culpa pelos acontecimentos seja dela mesma. Joga a responsabilidade para os outros. E assim perde a clareza necessária para enxergar o que pode ser feito de diferente para resolver a questão.

Posar de vítima tira o poder de ir em frente e fazer de novo, de modo certo, algo que tenha feito errado antes. Quem se faz de vítima terceiriza a responsabilidade de tudo e, portanto, para de aprender com os erros e abandona o poder de resolver os problemas.

Pare de reclamar e de sentir pena de si mesmo. É preciso responder pelos seus próprios atos e assumir suas obrigações e responsabilidades. É importante assumir a postura do "Tudo o que acontece na minha vida a culpa é minha". Não tem que delegar a culpa para terceiros, nem das coisas boas e nem dos maus resultados.

Lembre-se: quando você errar, quanto mais rápido admitir que a culpa é sua, menos poder você dará ao problema. Quando você assume a responsabilidade pelos seus resultados, isso o mantém longe do papel de vítima.

***

Para finalizar este capítulo, quero reforçar aqui uma ideia que deve estar sempre em sua mente, se você quer enfoderar-se de verdade: evite fazer o que é proibido – proíba-se de fazer todas aquelas coisas que possam comprometer a sua energia e a sua determinação.

OLHAR O MUNDO ALÉM DO SEU UMBIGO

Uma das estratégias que você deve usar para se enfoderar de verdade é aprender a olhar o mundo além do seu próprio umbigo. Ninguém pode sequer sonhar em conquistar vitórias permanentes se não pensar no próximo, se não trabalhar em função de quem está a sua volta, em especial aqueles que estão ao seu lado no esforço daquela caminhada.

Existem duas atitudes principais que definem o valor do seu sucesso e o quanto você vai permanecer no topo, depois de chegar lá, das quais você nunca pode abrir mão: a primeira é contribuir com o mundo ao seu redor, na medida em que você cresce – devolver ao universo as boas coisas que tem recebido e, dessa forma, criar progresso no seu entorno. A segunda é ajudar todos que estão ao seu lado na luta diária a crescerem com você. Só assim seu sucesso vai ser sustentável.

Todos fazemos parte de um mundo maior e, para que tudo funcione de modo que nos favoreça, é preciso lembrar da importância de quem está ao nosso lado, indo junto na luta do dia a dia. Precisamos valorizá-los porque são eles que somam forças conosco e a quem devemos proteger e apoiar em primeiro lugar.

Quando compreendemos que pensar no outro é pensar em nós e em todos ao mesmo tempo, tudo fica mais incrível e os relacionamentos se tornam muito mais verdadeiros e prazerosos de serem vividos. Essa é uma estratégia que com certeza vai tornar sua vida mais feliz, com mais sentido e levará você muito mais longe.

É importante perceber que isso não deve ser feito por seu puro interesse individual, mas sim pensando no bem maior, no efeito positivo, na melhora que você pode causar no mundo.

Uma vida baseada apenas em nós mesmos é rasa e não dá toda a felicidade e o sucesso que procuramos. Existe um mundo muito grande além do nosso umbigo, e isso não é por acaso. Esse

O MUNDO PODE FAZER TUDO POR VOCÊ,
MENOS A SUA PARTE.

mundo existe para que possamos ser úteis para o próximo e, com isso, aprender mais sobre nós.

Posso garantir que é algo que não tem preço quando fazemos parte de uma história feliz de alguém, quando recebemos uma mensagem de carinho ou de afeto de uma pessoa agradecida, a quem fizemos um favor ou ajudamos de alguma forma, e contribuímos para que ela realizasse algo importante em sua vida.

O mundo vai muito além do nosso umbigo e nossos resultados melhores sempre são atingidos quando podemos contar com outras pessoas e elas podem contar conosco.

Existe um ditado africano que diz: "Se você quer ir rápido, vá sozinho, mas se você quer ir longe, vá junto com alguém". Apenas ir rápido nem sempre é a melhor solução. Tem gente que chega logo ao topo, mas depois desce mais rapidamente ainda, porque não respeita nem valoriza quem está ao redor.

É bem interessante pensarmos sobre esse tema olhando por este ângulo: eu nunca ouvi falar, e acredito que você também não, de um homem sozinho que tenha conseguido grandes vitórias. As maiores conquistas de que temos notícias sempre foram conseguidas por pessoas trabalhando em um grupo consistente, uma comunidade unida, de forma a somarem suas energias.

Tenho algumas estratégias que uso para ter certeza de que estou tratando os outros de modo adequado e valorizando cada um deles. É assim que pratico todos os dias como ser mais prestativo, como me tornar mais afetivo, mais atencioso e útil ao próximo. E também como criar melhores relações – e é assim que construo um sucesso cada vez mais consistente.

1. Seja interessado pelo outro

Ver o mundo além do próprio umbigo implica se interessar também pelo que o outro está interessado. Isso não significa deixar sua necessidade de lado, mas entender que quando cuida daquilo que o outro tem interesse, vocês se tornam aliados mais poderosos.

Seja interessado pelo outro e procure ajudar naquilo que ele tem como importante na vida, e, assim, o nível da colaboração

COM QUEM VOCÊ FAZ É TÃO
IMPORTANTE QUANTO O QUE VOCÊ FAZ.

entre vocês vai crescer, se tornará muito melhor e mais forte. As maiores conquistas são construídas a partir de alianças poderosas e verdadeiras.

O ser humano é o nosso maior recurso. Precisamos uns dos outros para crescer, para evoluir, para construir uma sociedade, um negócio, uma estrutura familiar. Além disso, você vai reparar que a solução para muitos dos seus problemas virá também a partir de um convívio saudável com os outros. Muitas vezes, no interesse de ajudar outra pessoa acabamos encontrando respostas para questões que nós mesmos precisávamos resolver na nossa vida.

Um círculo positivo de transformações se completa de modo incrível quando surge a reciprocidade e aquele para quem você estende a mão em um dia se torna quem o socorre no outro.

2. Sorria sempre

É sempre interessante que você esteja com um sorriso nos lábios quando se dirigir a alguém. O sorriso abre portas, conecta, torna a interação mais fácil. Cria um grau de confiança superior, gera intimidade e proximidade, desarma possíveis medos e preconceitos.

Sorrir é uma atitude simples, que não exige grandes esforços e nem técnicas refinadas. Mas, em geral, as pessoas erram no óbvio.

Alguém que muitas vezes não entende por que não consegue ser mais comunicativo, ou não consegue ter melhores relacionamentos, ou ainda por que os outros não se aproximam, não percebe que tem esquecido de sorrir. Uma coisa simples, mas que muda tudo na vida.

Quando você sorri pouco, não diz um bom-dia amigável para as pessoas, não tem um aperto de mão entusiasmado e acompanhado de um sorriso, com certeza terá muitas dificuldades na caminhada e no sucesso.

O sorriso é a maneira mais simples e direta de criar empatia, de estabelecer uma conexão de alto nível com outra pessoa. É um elemento que libera uma quantidade enorme de hormônios do bem, tanto em você mesmo quanto na outra pessoa.

Não tem por que economizar em algo que faz bem para todo mundo e que, além do mais, não custa nada. É preciso sorrir mais, é importante sorrir sempre. Um sorriso faz muito bem para quem o recebe e mais ainda para quem o dá. Soluções incríveis são descobertas e vitórias são alcançadas a partir de um relacionamento que começou com um simples sorriso.

3. Chame o outro pelo nome

Chamar o outro pelo nome é uma excelente ideia não só porque individualiza a conversa, como também valoriza a pessoa com quem se está conversando.

Existe uma palavra em especial que soa como música para o ouvido de qualquer pessoa: o nome dela. Quando alguém me chama de Caio, eu me sinto especial, me sinto lembrado, reconhecido. Eu me sinto importante para a outra pessoa e me torno mais disponível para ouvir o que ela tem para me dizer.

Habituar-se a gravar o nome das pessoas com quem se relaciona e busca se comunicar é importante. Quando chama a outra pessoa pelo nome dela, a conexão se estabelece de uma maneira muito forte. Lembrar da pessoa pelo nome cria vínculos, abre portas, deixa muito mais prazerosa a relação.

Muitas vezes você pode ganhar ou perder um negócio dependendo apenas de lembrar, ou não, do nome da pessoa com quem está falando. O grau de reconhecimento de quem é chamado pelo próprio nome é algo que vai fazer toda a diferença no resultado de uma negociação.

4. Olhe nos olhos do outro

Quem é que resiste aos argumentos de uma pessoa que olha nos olhos, sorri e chama pelo nome? Essa é uma combinação poderosa, usada por pessoas que se interessam de verdade em serem ouvidas com interesse pelos outros.

Olhar nos olhos demonstra que você está ali, presente naquele momento, prestando atenção no outro e reconhecendo a importância dele. É um modo de você dizer para aquela pessoa que está à sua frente que ela é a pessoa mais importante do mundo naquele momento.

Tem muita gente que está fisicamente em um local, conversando, mas está completamente ausente, com a mente vagando por outros assuntos.

Se você vai fazer uma reunião e deixa seu celular ligado, em cima da mesa, por exemplo, isso significa que o outro não é a pessoa mais importante para você. É como dizer: "Tudo bem. A gente está aqui conversando, mas eu estou esperando um acontecimento mais importante". Você não consegue olhar a pessoa nos olhos e ao mesmo tempo ficar grudado no celular.

Sou uma pessoa bem conectada, proativa, cheia de energia e com muita vontade de fazer várias coisas ao mesmo tempo. E isso muitas vezes pode comprometer minha atenção e me levar a perder um pouco a sensibilidade. Por isso, mantenho uma postura de ter muito cuidado com o que faço, para não cometer erros básicos de comunicação, que possam dar a entender que o outro não é importante para mim.

Quando estiver conversando com alguém, desligue o celular e guarde-o no bolso. E olhe nos olhos da pessoa com quem está falando. Entenda que não há nada de tão importante ou urgente que alguém que queira falar com você no celular não possa esperar até terminar o assunto com a pessoa que está à sua frente.

Habitue-se a olhar nos olhos e a ficar presente. Você não imagina o poder que isso tem e o tamanho da mudança positiva que vai gerar na sua vida.

5. Faça elogios sinceros

Elogiar o outro é algo que não nos custa nada, mas que tem um valor imenso para quem recebe o elogio – em especial para aquelas pessoas que estão vivendo momentos difíceis e, para melhorar sua energia, precisam ser reconhecidas em algo que têm de bom.

A gente muitas vezes não tem noção de como muda a vida de alguém receber um elogio sincero, ressaltando uma virtude, uma qualidade, dizendo que a pessoa é maior do que ela acredita,

NÃO CRITIQUE O QUE VOCÊ NÃO
ENTENDE OU NÃO CONCORDA.

mostrando que existem pessoas que acreditam nela. Um elogio sincero é transformador.

O grande problema é que as pessoas não têm o hábito de elogiar os outros. Economizam muito os elogios e, pior ainda, tem gente que elogia o outro de um modo falso, sobre coisas que não são verdadeiras, apenas por interesses próprios, visando conseguir algum tipo de vantagem.

É importante que você elogie, mas também que seu elogio seja legítimo, que tenha razão de ser, que tenha fundamento e motivos verdadeiros. Caso contrário, você se torna leviano, fútil, banal e seu elogio perde o sentido. Uma pessoa sente quando o elogio não é sincero e verdadeiro. E isso faz mais mal do que bem, para todos os envolvidos.

Um elogio sincero faz bem ao nosso ego, que necessita ser massageado de vez em quando. É claro que não devemos elevar nosso ego a ponto de ele se sobressair sobre as nossas virtudes, mas não podemos negar a nós mesmos a satisfação e os benefícios de elogios dados com sinceridade. Esse é o tipo de elogio que melhora nossa autoestima e reforça nossa autoconfiança.

6. Não critique as pessoas

Essa é uma postura que vai ajudar muito você a viver para além do seu umbigo. Nunca critique ninguém de modo negativo. Não estou falando para você concordar com qualquer um, ou com qualquer coisa. Apenas não critique o que você não entende ou não concorda. Peça explicações e procure compreender mais, antes de dar a sua opinião, desde que ela seja realmente necessária.

Já há algum tempo adotei a postura de nunca criticar ninguém. Se a pessoa vem com uma ideia com a qual eu não concordo, a primeira coisa que faço é pedir que me fale mais a respeito, que me explique melhor o que ela está propondo. Peço para que me diga por que ela acredita que as coisas têm que ser dessa maneira, por que ela tem essa visão, de onde veio essa sua linha de raciocínio, enfim, qual é a razão que a levou a achar que assim seria melhor.

Pedir explicações, mostrar curiosidade e interesse pelo que o outro fala demonstra respeito, ao mesmo tempo que esclarece muita coisa. É claro, muitas vezes a gente não entende o que o outro fala, por uma falha nossa mesmo, e outras vezes é a pessoa que não se expressa bem, não apresenta bem sua ideia. De qualquer modo, vai haver uma falha de comunicação que precisa ser corrigida.

Nas trocas de mensagens por aplicativos, por exemplo, existem muitos desencontros. Muitas vezes as pessoas brigam trocando mensagens, porque uma escreve uma coisa e a outra entende outra completamente diferente. Mas na comunicação ao vivo também ocorrem coisas semelhantes.

Acontece muito também de duas pessoas acreditarem na mesma coisa, mas usarem modos diferentes de se expressar e não chegarem a um entendimento.

Comunicação é algo que deve ser tratado com muito cuidado, para que não haja desencontros. É preciso aprimorar o modo de se comunicar e, antes de qualquer outra coisa, evitar fazer críticas por impulso, que podem pôr a perder excelentes ideias e ótimas oportunidades.

Outro ponto importante a considerar é que nem sempre uma ideia diferente da sua deve ser criticada, ou condenada sem uma análise mais apurada. Muitas vezes uma pessoa tem um ponto de vista e você tem outro, mas vocês vão somar essas visões e daí pode nascer uma ideia incrível. Outras vezes você vai enxergar a situação de uma maneira diferente, devido a algo que não sabia, ou mesmo ajudar a outra pessoa a reavaliar seu ponto de vista e perceber um erro, se esse for o caso.

Seja qual for a situação, a melhor solução começa sempre pelo diálogo, pela comunicação clara e pelo estudo conjunto de cada ideia apresentada. A crítica, seja ela por qual razão for, sempre cria um afastamento inicial que dificulta o entendimento. Mesmo a crítica positiva deve ser colocada com muito cuidado, com diplomacia.

Quando discorda do outro logo de cara, você perde a oportunidade de ter uma comunicação mais produtiva. A pessoa fica na defensiva, entra em um estado de alerta, como se estivesse em um confronto.

Como já mencionei em outro capítulo, gosto de deixar muito clara a diferença entre conflito e confronto. Isso me ajuda a pensar melhor sobre como me relacionar com as pessoas e como lidar com ideias com as quais não concordo a princípio.

Chamo de conflito quando duas pessoas estão conversando, mas ambas querem que tudo fique bem. E considero confronto uma situação quando uma parte quer anular a outra, quando existe uma vontade de uma das partes, ou de ambas, de estabelecer quem venceu e quem perdeu. O conflito gera evolução e crescimento, enquanto o confronto causa desencontros, frustrações e mágoas.

Por exemplo, tenho muitos conflitos com minha esposa, tenho vários conflitos com os meus parceiros de negócio, conflitos familiares, conflitos em todos os meus relacionamentos. Mas confrontos, não. Todos os nossos conflitos têm como resultado um fortalecimento dos nossos relacionamentos e o crescimento de todos os envolvidos.

Olhando por esse lado, o que acontece muito é que uma crítica mal colocada costuma transformar um simples conflito em um possível confronto. E isso acaba não sendo bom para ninguém. Portanto, evite as críticas imediatas, sem uma avaliação cuidadosa da situação.

Quando você tiver vontade de criticar alguém, pare por alguns segundos, respire fundo e pergunte a si mesmo: "Existe alguma chance de essa pessoa ter razão?". Você vai ver que o seu modo de agir vai ser muito mais consciente e proveitoso para seus relacionamentos.

***

Os melhores resultados sempre são conseguidos quando aprendemos a unir forças com os demais interessados em um mesmo objetivo e juntos partirmos para as ações que irão de fato conseguir mudar a nossa realidade. Para isso, precisamos aprender a

UMA CRÍTICA MAL COLOCADA COSTUMA TRANSFORMAR UM SIMPLES CONFLITO EM UM POSSÍVEL CONFRONTO.

olhar o mundo muito além do nosso umbigo, compreendendo que para que tudo funcione como se fosse uma só unidade é preciso lembrar que a pessoa mais importante é aquela que está ao seu lado na batalha do dia a dia.

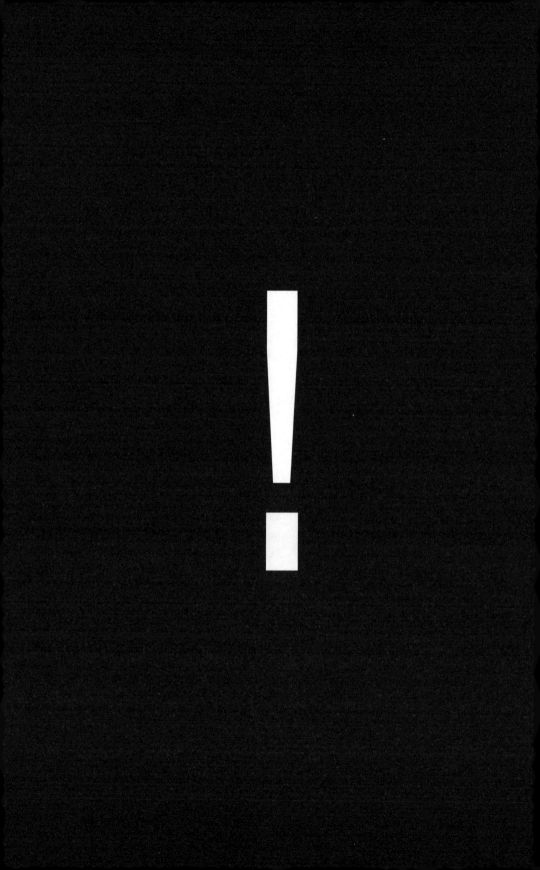

ENTENDER OS SINAIS PARA AVANÇAR FODASTICAMENTE

Para ter sucesso e conquistar resultados que valham mesmo a pena, não basta seguir pelo caminho. É preciso avançar com garra, determinação, certeza do que está fazendo, com a crença forte de que merece o sucesso. É preciso que se supere e queira cada vez mais. Para ter um sucesso verdadeiro e definitivo você precisa avançar "fodasticamente", no autêntico estilo *Seja foda!*.

Agora, é claro que não basta avançar fodasticamente na direção errada ou no momento errado. Porque mesmo que você esteja no caminho certo, se errar no *timing*, pode pôr tudo a perder, ou mesmo não conseguir todo o resultado que seria possível conquistar.

É importante entender os sinais da vida para seguir em frente nos momentos certos. Você precisa estar atento a esses sinais, porque eles vão servir de referenciais para as suas decisões e as suas ações.

Quando alguém não consegue identificar, compreender e seguir os sinais da vida, fica paralisado, não avança e não realiza coisa alguma – pior ainda, em muitos casos até avança, mas na direção errada, e realiza coisas que não ajudam a progredir e ter o sucesso esperado.

Sempre digo que o indicador universal do sucesso da sua missão são os resultados, e que sempre será assim, não importa em que área da sua vida você esteja atuando. Por isso, é para os seus resultados que você deve olhar, para saber por qual caminho deve avançar e também para conferir se está mesmo na direção certa. Seus resultados devem, ao mesmo tempo, ser o seu objetivo e o seu ponto de controle, sua bússola para ajustar o caminho à medida que você avança.

Agora que você já entendeu o quanto é importante seguir esses sinais fodasticamente, colocando toda sua garra na caminhada,

TODO MUNDO QUE TEVE UM GRANDE
PROBLEMA E SUPEROU COMPREENDE
QUE RECEBEU DA VIDA UMA
BÊNÇÃO DISFARÇADA.

buscando resultados de qualidade, resta a pergunta: mas, que sinais são esses? O que você deve esperar encontrar pelo caminho, para indicar se está na direção certa? Vamos conversar um pouco sobre alguns desses sinais mais importantes que a vida lhe dá.

1. Enfrentar novos problemas

Estar preparado para enfrentar novos problemas é um ótimo sinal da vida, dizendo que é hora de avançar. O primeiro ponto aqui é: não reclame quando um problema ou dificuldade surgir pelo caminho.

Em primeiro lugar, é importante entender que um imprevisto, um desafio, não precisa ser necessariamente um problema. Só se transforma em problema se você não souber como lidar com ele.

Outro ponto importante é entender que todo problema é uma oportunidade disfarçada. Quem chama o problema de desgraça nunca aprendeu nada com ele – caso contrário, chamaria de "presente da vida". Todo mundo que teve um grande problema e superou compreende que recebeu da vida uma bênção disfarçada.

É uma coisa impressionante: todo problema, depois de resolvido, deixa tudo em ordem, deixa tudo mais centrado, mais organizado. É algo parecido com aquela calmaria, aquela paz, que vem depois da passagem de um furacão – é claro que você tem que viver as consequências da passagem do furacão, mas isso também faz parte do aprendizado, de você se preparar para os vendavais que virão no futuro.

Quando se está enfrentando problemas é uma coisa linda de se ver, porque é um processo de aprimoramento em andamento. Cada vez que resolve um problema você sai daquela situação maior, melhor do que era antes.

É importante considerar também que os problemas não terminam. Sempre vai ter um depois do outro, e mais outro e outro ainda. Porque a vida é uma sequência de desafios. Porque felicidade não é a ausência de problemas. Felicidade é você manter o entusiasmo enquanto passa por seus problemas.

Enfrentar problemas é crescimento, é evolução, é atingir novas etapas na sua vida. É como em um videogame, onde você passa por várias fases. A fase um é um problema, a fase dois é outro problema, a três é outro, a quarta é outro, e assim sucessivamente. Você só passa para a próxima fase quando resolve o problema da fase anterior. E é incrível quando você se percebe seguindo adiante, vencendo os novos desafios e conquistando novas fases. Imagine que chatice seria se você ficasse só na fase um, enfrentando sempre o mesmo problema, sem o resolver de verdade.

Se você está enfrentando novos problemas, é um sinal de avanço. Vá em frente, continue avançando fodasticamente, porque você está indo rumo à conquista de melhores resultados.

2. Relacionar-se com as pessoas de uma forma melhor

Quando você percebe que está se relacionando com as pessoas de uma forma melhor, isso também é sinal de que o caminho está aberto para seguir com força na direção dos seus objetivos.

Se hoje você é mais tolerante, mais compreensivo, melhor ouvinte, um amigo mais confiável, mais sensível, mais sociável, se você percebe que se relaciona melhor a cada dia, isso significa que está aprimorando o seu jeito de estar com outros seres humanos, que está em um processo de evolução de seus relacionamentos.

Quando você mesmo enxerga essa melhora, é um sinal que significa que está pronto para avançar, para conquistar novas fases no jogo da vida, na busca pelo sucesso. Porque relacionamento é tudo o que move a nossa vida e melhorar nessa área torna a gente mais capaz de novas conquistas.

3. Sentir desconforto com a situação

Quando você sente desconforto com a situação que está vivendo, existe aí um sinal de que é hora de seguir adiante, de avançar. O incômodo com coisas que antes eram confortáveis, ou até mesmo agradáveis, é um aviso da vida de que você já evoluiu e o que o satisfazia antes não o satisfaz mais. É preciso procurar novas coisas, fazer novas conquistas, seguir para o próximo patamar.

Na vida existe uma necessidade de movimento, a estagnação não é natural. Por isso você é convidado a se mexer, muitas vezes para sair de um lugar em que algo já está doendo, é chamado a abandonar o que está incomodando.

O primeiro passo de qualquer mudança é o reconhecimento de que algo precisa ser mudado. Uma posição de incômodo, dentro da empresa em que trabalha, ou no seu negócio, ou ainda em uma circunstância que acontece no seu relacionamento, na sua família ou em qualquer outra área, é sinal de que chegou a hora de mudar. Significa que em você já despertou a intenção de uma mudança necessária em sua vida.

Muita gente vive empurrando com a barriga certas circunstâncias desagradáveis, e procura fazer de conta que está tudo bem. Só quando se colocam em posição desconfortável o suficiente é que começam a agir, a colocar em foco as mudanças que precisam fazer acontecer.

Por exemplo, se você está desconfortável com quanto tem no banco, isso é positivo, porque está se incomodando com a situação e vai procurar mudá-la. Mas quando você fica em uma situação bastante difícil financeiramente, correndo riscos sérios de perder algum bem, por exemplo, é que percebe de verdade que tem de fazer alguma coisa para mudar isso.

É a partir daí que você entende que o saldo que tem no banco é reflexo de tudo o que vem fazendo durante muito tempo, e que se está tão ruim é porque você tem feito as coisas erradas. E então percebe que se quer melhorar essa situação tem de mudar algo no seu modo de agir.

Quando a dor é forte e incômoda o suficiente, você dá um "Chega!" naquela situação e decide mudar, fazer diferente, fazer alguma coisa que lhe gere um rendimento e uma disponibilidade financeira maior.

A mudança começa mesmo a acontecer na nossa vida quando damos um basta naquilo que está incomodando, quando dizemos para nós mesmos: "Chega! A partir daqui vou fazer diferente".

4. Enxergar possibilidades onde você vê apenas limitações
Quando você começa a enxergar uma possibilidade onde antes via apenas uma limitação, significa que sua confiança em si

O PRIMEIRO PASSO DE QUALQUER MUDANÇA É O RECONHECIMENTO DE QUE ALGO PRECISA SER MUDADO.

mesmo está aumentando. E esse é um excelente sinal de que é hora de avançar.

Enxergar possibilidades ajuda você a confiar mais em seu taco, eleva sua autoestima, melhora a autoconfiança, reforça a certeza na sua capacidade de execução. Você passa a crer mais no seu merecimento, começa a excluir o demérito e sentir mais "que você pode".

Quando eleva sua carga energética, você vira um aliado de si mesmo. Nos pontos onde mesmo antes se limitava, passa agora a ser seu maior incentivador. Essa é uma grande vitória, pois as batalhas mais difíceis que vai enfrentar na vida serão aquelas que acontecem dentro de você mesmo.

Sua maior luta vai ser para vencer aquela vozinha que o critica e censura dentro da sua mente, o jogo mental que acontece na sua cabeça quando você se propõe a fazer alguma coisa, o confronto dos seus sentimentos, emoções e pensamentos.

Quando você começa a enxergar uma possibilidade onde antes via apenas limitação, significa que já está em um estado de autoconfiança próprio para reverter toda e qualquer situação que lhe seja desvantajosa. E isso soma credibilidade e determinação ao seu modo de agir e o torna maior e mais forte na batalha pelo sucesso.

5. Faça seu próprio caminho

Quando eu tinha dezessete anos, fui convidado para trabalhar com o meu avô. Ele tinha uma metalúrgica, uma indústria que fazia peças para carros, caminhões e tratores. Lembro-me que no primeiro dia de trabalho coloquei o meu melhor terno, a melhor camisa, o melhor sapato, cheguei lá na hora que ele tinha marcado, fui até a sala dele e falei: "E aí, vô? Estou pronto. Onde é que vai ser minha mesa?".

Mas meu avô estava me esperando com uma bota com ponta de ferro, um jaleco, um par de protetores de ouvidos e uns óculos de segurança. E me colocou no chão da fábrica para trabalhar, onde fiquei por dois anos.

E foi incrível essa experiência, porque meu avô é um cara muito sábio, que me ajudou muito. Ele me falou: "Caio, antes de você aprender a liderar, tem que aprender como é que se faz".

Ao longo de seis anos eu fiquei trabalhando com ele, fiz o meu melhor desde o início e fui passando por vários departamentos. Eu trabalhava direto, me esforçava ao máximo, porque queria crescer por mérito meu e não porque era neto do dono da empresa.

Depois de algum tempo, meu avô sofreu um infarto na fábrica, na minha frente, e aquilo me chocou muito. Mas foi também o que me tirou do piloto automático, e eu comecei a pensar se ali era mesmo o meu lugar, se era o meu caminho, se eu estava feliz e completo, se era aquilo que queria para minha vida. E descobri que não. Descobri que lá na fábrica eu, por admirar muito meu avô, estava apenas agradando a ele, ao meu pai e a todas as pessoas que conviviam comigo.

A partir dali, comecei a pensar melhor e decidi buscar meu próprio caminho, fazer o que eu gostava, comecei a querer fazer minha própria história. Foi quando, semanas depois, fui convidado para conhecer o Marketing de Relacionamentos, que foi onde me encontrei e minha carreira decolou.

É claro que todo mundo me criticou, porque saí de uma empresa familiar com bons resultados, sólida e já bem estabelecida, para começar do zero em algo que nem era muito reconhecido no mercado ainda. Mas decidi não me importar com a opinião alheia e seguir o meu caminho. E hoje, depois que cresci no meu negócio, até quem me condenou me aplaude.

Veja bem, quando digo para não se importar com a opinião dos outros não estou falando aqui que você tem que rejeitar qualquer tipo de *feedback*, ser prepotente, ser o dono da verdade. Não é isso. Mas você precisa estar atento em relação ao que realmente deseja e seguir o seu caminho pessoal de sucesso.

Quando você não deixa que a opinião do outro seja mais importante do que aquilo que você acredita e deseja, isso é libertador.

Se você está em um caminho que respeita o seu código de valores, de conduta, de ética, de moral e de princípios, não há nenhum problema em ir por um rumo diferente do que esperam. Mesmo estando, por exemplo, em uma família de médicos – onde todos esperam que você também se torne um médico – não há nada de errado se você decidir abrir um negócio para vender produtos de beleza, porque isso é o que tem a ver com você e com o que deseja. Não faz sentido você desistir do seu sonho só para evitar que sua família o critique ou condene.

Sempre digo que, mesmo que já exista uma estrada pavimentada, se ela não o levar para onde você quer ir, caminhar por ela só vai torná-lo infeliz. Você tem que construir a sua própria estrada.

6. Melhorar os cuidados consigo mesmo

Um forte sinal de que você deve avançar forte rumo às suas conquistas, aos seus objetivos e sonhos, surge quando você entende que precisa melhorar o cuidado consigo mesmo, quando começa a se tratar melhor, a cuidar mais de tudo o que lhe diz respeito.

É um momento incrível aquele em que você começa a cuidar mais do seu corpo, do seu espírito e da sua mente, a valorizar o que é importante para o seu próprio ser. Porque o seu maior ativo, o seu tesouro mais precioso, seu patrimônio mais legítimo, não é o que está no banco, mas sim o seu próprio corpo, sua mente e sua alma.

O melhor sinal que você pode ter de que está no caminho certo é quando começa a se tratar melhor, a se respeitar mais, a entender suas fraquezas e trabalhar em cima delas e a reconhecer suas fortalezas e a realçá-las para que evoluam. É quando você se aproxima de si mesmo com atenção e cuidados, valorizando-se acima de tudo.

Quando começa a melhorar o seu relacionamento consigo mesmo e a tratar-se com mais carinho e consideração, você se perdoa com mais facilidade quando erra, se aceita do jeito que é, reconhece e entende suas imperfeições e coloca seu foco no aprendizado e crescimento. E quando você se perdoa, se liberta e pode caminhar mais rapidamente para a realização de tudo o que planejou.

7. Pensar mais em como você pode contribuir

Para mim, a dupla da felicidade é crescer e contribuir. Um dos mais claros sinais de que você está no caminho certo e que deve

NÃO PERMITA QUE A OPINIÃO DE ALGUÉM SE TORNE A SUA REALIDADE.

avançar fodasticamente por ele é quando percebe o valor da contribuição. Contribuir para o crescimento dos outros é uma ferramenta de sucesso poderosa.

Só que no início de uma jornada a gente está mais focado em crescer. Quer crescer porque isso mexe com você, agita sua vida, dá aquela sensação gostosa de vitória. Crescer gera muita adrenalina, o sentimento de avançar é incrível, é poderoso, dá poder, realiza.

Quando você cresce, aos poucos percebe que só isso não basta. E passa a entender que não pode deixar de contribuir. E quando passa a pensar mais em como pode contribuir, você sai do seu eu e começa a pensar em uma dimensão maior, onde estão todos e tudo à sua volta. E é aí que você encontra as maiores recompensas, onde suas vitórias começam a ter muito mais sentido e fazer diferença no mundo.

É crescer e contribuir. Esse é o maior segredo do sucesso verdadeiro. Esse é um ponto especial e muito importante na construção de nossa vida e, por isso mesmo, ainda vamos conversar mais sobre isso nos próximos capítulos.

***

Esses são alguns dos sinais a que você precisa prestar atenção, para perceber quando está no caminho certo e é hora de avançar – não só seguir em frente, mas avançar fodasticamente. Existem muitos outros sinais ao longo do seu trajeto e você vai aprender a reconhecê-los à medida que se deparar com eles.

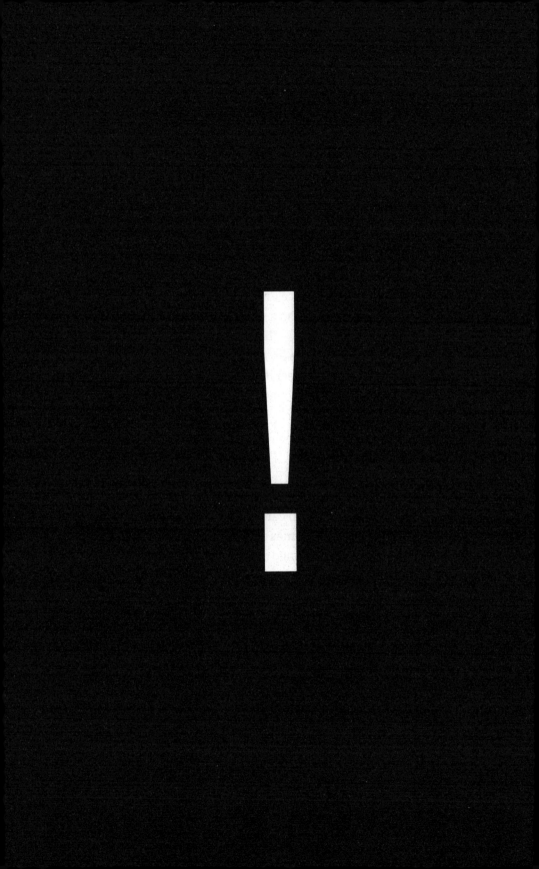

RESPEITAR SUA GRANA, POIS ELA NÃO ACEITA DESAFORO

Esqueça todas as besteiras que você já ouviu sobre o dinheiro não trazer felicidade. Quem não respeita o dinheiro nunca vai entender o quanto ele pode trazer boas coisas para a sua vida.

O dinheiro é muito importante para que possa arrumar as condições de fazer o bem, tanto para você mesmo, como para as pessoas que ama e para o mundo em geral. Não estou dizendo com isso que quem não tem dinheiro não pode fazer bem aos outros, nem que não possa ter uma vida boa. Apenas estou afirmando que quando você tem mais recursos financeiros, suas possibilidades de fazer o bem se ampliam muito.

Outro ponto importante que você precisa levar em conta é que o dinheiro também tem um papel fundamental no seu bem-estar e na qualidade de vida de sua família. E você só vai poder se dedicar de verdade, com o coração e a mente livres, a fazer o bem quando suas próprias necessidades estiverem satisfeitas.

O ponto que temos que assumir de uma vez por todas é que o dinheiro é muito bem-vindo não só na sua vida, mas também para o seu trabalho e a contribuição que você quer fazer neste mundo.

A principal tática que conheço para a gente lidar com o dinheiro é: respeite sua grana. Assim, ela também vai respeitar você. Assim, o dinheiro será sempre um ótimo servo e nunca um péssimo amo.

Em qualquer negócio, é muito importante aprender a lidar com seus recursos financeiros. Se você for o melhor empreendedor do mundo, mas não cuidar direito das suas finanças, não der ao dinheiro o respeito que ele merece, você vai fracassar. Cedo ou tarde esse deslize vai derrubá-lo.

Falando ainda no poder do dinheiro, um dos pontos principais que quero chamar a sua atenção, para que fique bem claro e

O PONTO QUE TEMOS QUE ASSUMIR DE UMA VEZ POR TODAS É QUE O DINHEIRO É MUITO BEM-VINDO.

forte na sua mente, é que o dinheiro é um amplificador de caráter. Ele faz pessoas boas serem ainda melhores e as ruins serem piores do que já são.

Assim, se a pessoa tem bons princípios e valores, a abundância, a prosperidade financeira e a contribuição que ela vai dar ao mundo vão ser incríveis. Se a pessoa é boa, o dinheiro vai ressaltar ainda mais sua bondade. Isso vai fazer uma diferença enorme na sua família, na sua comunidade, na sua igreja, nos seus negócios e nas pessoas ao seu redor. Nesses casos, ter dinheiro se torna incrível.

O lado ruim dessa história acontece quando a pessoa começa a ter grana, mas tem um caráter duvidoso, uma índole maldosa. Porque quanto mais acesso ela tiver ao dinheiro, mais vai potencializar essas suas características.

A conclusão lógica aqui é que o dinheiro é apenas uma ferramenta, um facilitador. Cabe a você trabalhar a sua maneira de ser, de modo a se tornar alguém que usa o dinheiro como combustível potencializador das boas coisas que vai querer fazer na sua vida e oferecer ao mundo.

Outro ponto importante é que o dinheiro não aceita desaforo. Eu respeito muito minha grana e mexo com dinheiro com muito cuidado e muita consciência. E uma das coisas fundamentais que pratico diariamente é investir. Investir é uma das estratégias mais poderosas de você respeitar o seu dinheiro.

Tem muita gente que compra tudo parcelado, porque não consegue "juntar dinheiro" se não fizer dívida. Essas pessoas só compram à prestação porque, se não for assim, não conseguem pagar à vista – e obter um bom desconto. Para essas pessoas, investir é um verbo impossível.

Quero falar com você agora sobre seis pontos essenciais para lidar com o seu dinheiro. São dicas sobre educação financeira que mudaram completamente minha trajetória. Sou muito fiel a cada uma delas e quero compartilhar com você, para ajudá-lo a lidar com seus recursos financeiros.

O BOLETO MAIS IMPORTANTE
QUE VOCÊ VAI PAGAR
É O DO SEU EU DO FUTURO.

1. Pague a si mesmo primeiro

O boleto mais importante que você vai pagar é o do seu eu do futuro. Esse é o boleto mais importante e o que você deve pagar em primeiro lugar.

Para pagar esse boleto você precisa se proteger "do seu eu do presente". Porque se você sabotar suas finanças no presente não vai construir um futuro financeiramente seguro.

Por isso, como costumo dizer, "pague-se primeiro". Essa é uma forma importante de respeitar o seu dinheiro. Não importa se você é um empreendedor ou se é funcionário de uma empresa, você tem que se pagar.

É primordial ter disciplina para pagar a si mesmo. Você trabalhou para fazer seus negócios renderem, é justo que receba sua parte, o pagamento pelo seu trabalho. Mais ainda, você tem que se pagar antes mesmo de fazer qualquer outra coisa com o dinheiro que recebe.

Mas o que quero dizer com "se pagar"? É simples: você separa uma parte do dinheiro que entra, como pagamento pelo seu trabalho que gerou aquele dinheiro. E, o mais importante: você investe esse dinheiro – não vai sair por aí gastando. Não é essa a ideia.

A ideia principal aqui é que você tenha a disciplina de "se pagar primeiro" e investir seu dinheiro em algo seguro. A regra aqui é: primeiro você se paga e depois você vive com o que sobrou.

Desde que me entendo por gente, sempre me paguei primeiro. Qualquer renda que entra na minha conta, proveniente dos meus negócios, do meu trabalho, de qualquer atividade remunerada, a primeira coisa que faço é pagar primeiro aquilo que é a minha parte. Comecei com 20% do que ganhava e com o passar dos anos e do aumento da minha renda, fui aumentando esse percentual. Assuma o compromisso de investir pelo menos 20% do que você ganha. Se hoje isso for muito para você, tudo bem, mas comece pelo menos com 10%. Crie esse hábito a partir de agora.

As pessoas não têm o hábito de investir dinheiro porque não se pagam primeiro. Elas gastam primeiro e depois tentam investir o que sobra. Mas isso acaba não dando certo, não funciona.

Você tem que ajustar sua vida para se virar com o que sobra após pagar primeiro a você mesmo, e não o contrário. Separe em uma conta pessoal pelo menos 20% do seu faturamento bruto. Esse é o seu salário. Depois, se adapte para fazer tudo o mais que for necessário, usando só os outros 80% que restaram. Pode parecer difícil no início, mas você vai se adaptar.

Comece agora mesmo. Dê um jeito, reduza custos, ajuste seus gastos. No começo vai ser desafiador, mas vai compensar o sacrifício. Caso contrário, a verdade é que você nunca vai investir e sempre vai viver no seu limite e, possivelmente, se endividando cada vez mais.

É curioso, mas a gente tem uma tendência natural de expandir os nossos gastos de acordo com o tamanho do nosso ganho mensal. Se você, por exemplo, ganhar dois mil reais mensais e não usar a estratégia de se pagar primeiro, é muito provável que gaste todos os dois mil com seu padrão de vida. Mas é incrível que, quando começar a ganhar cinco mil reais, você vai expandir o seu custo de vida para cinco mil e vai continuar a não investir nem mesmo um real.

A verdade é que é bem possível que você esteja se perguntando agora como é que vai poder se pagar primeiro, se o que está ganhando não dá nem para fazer tudo o que é essencial na sua vida. Minha resposta é: se vira!

O ser humano se adapta a qualquer coisa. Se você perder hoje metade da sua renda, vai ser desafiador, vai ser sofrido, mas você vai se adaptar. Ninguém morre porque perdeu 20 ou 30% de sua renda. Você vai ter desafios no curto prazo, vai ter que rebolar, mas vai dar um jeito. Essa é a grande verdade. Portanto, tenha a disciplina de se pagar primeiro, independente de quanto você ganha.

Falando de forma prática, quando você estiver começando a desenvolver esse novo hábito de investir, nunca guarde aqueles 20% dos seus ganhos na sua conta de movimentações diárias. Isso porque, nessa fase inicial, você tem que se proteger de si mesmo, já que ainda é o principal vilão das suas economias. Nesse momento você tem que fazer o certo, ou seja, dificultar qualquer sabotagem que possa fazer quanto aos seus planos de investir.

"Pague-se primeiro" e comece a guardar esse dinheiro em uma conta separada, uma conta a que você não tenha acesso fácil. Se você começar a guardar, a investir, por exemplo, em uma conta bancária onde faz suas operações do cotidiano, uma a que tenha acesso simples, você vai acabar usando aquele dinheiro e assim vai continuar dentro do seu padrão de gastos e de consumo, sem investir coisa alguma.

Quando digo para colocar o dinheiro em uma conta bancária que o acesso seja difícil, estou dizendo para você usar uma conta separada, que o cartão não fique dentro da sua carteira, que você nem saiba direito qual é a senha quando quiser consultar. Melhor ainda será se você não tiver nem mesmo a senha de resgate, mas só mesmo o número da agência bancária e da conta para mandar os recursos que quer guardar, além do contato da pessoa que administra essa conta para você fazer bons investimentos.

Em resumo, proteja suas reservas de você mesmo, enquanto ainda não tem o hábito de investir. Abra uma conta de investimento e deixe o dinheiro aplicado. Dificulte o seu caminho até esse dinheiro.

Costumo dizer que isso é como fazer uma dieta. Se você começou uma dieta e não pode comer doces, a estratégia mais fácil é não colocar doces dentro de casa. Agora, se você decide fazer dieta e compra uma barra de chocolate e deixa em cima do criado-mudo da cama, fica muito tentador quebrar o seu compromisso de emagrecer. Você tem que facilitar sua dieta. Não coloque um chocolate ao alcance de suas mãos, porque você vai ficar tentado a comê-lo.

Vamos lá: pague a si mesmo primeiro, invista esse dinheiro e proteja sua reserva, principalmente de você mesmo.

2. Peça descontos

Pedir descontos é algo que sempre me ajudou muito nas minhas finanças. Peço desconto para tudo, independente de valor. É um hábito que tenho.

Minha esposa fala que existem momentos em que ela sente até vergonha, porque peço desconto mesmo em um negócio de baixo valor. Mas para mim vergonha é não pedir desconto. Esse é um padrão, um processo, um hábito.

Sou uma pessoa de vendas, uma pessoa de negócios e pedir descontos faz parte da negociação. É um acordo comercial que precisa ser buscado sempre, não importa o tamanho dos valores envolvidos.

É preciso entender isso. Pedir desconto não é uma questão de valores, mas sim de comportamento. Sempre penso em termos de porcentagens, ou seja, se consigo 10% de tudo o que consumo, imagine o quanto é possível economizar. Imagine o quanto você já teria ganho se tivesse economizado 10% de tudo o que já gastou na vida.

Veja que interessante: se você tem um padrão de conseguir 10% de desconto em tudo o que compra, é mais ou menos equivalente a dizer que a cada dez anos você ganha um ano a mais em sua renda. Isso é bem significativo, não é mesmo?

Não pense no valor da compra, quanto for pedir desconto. Pense em termos de porcentagens. É assim que você percebe a magnitude da sua economia. Peça descontos sempre e para tudo e você vai respeitar muito a sua grana. Crie o hábito de pedir desconto e faça disso um padrão nas suas negociações. Você vai ficar impressionado com os resultados que vai conseguir. E isso vai lhe dar também uma habilidade extra: a de evitar desperdícios.

3. Estabeleça limites

Outra coisa muito importante para se lidar com o dinheiro é estabelecer limites. Ter valores muito bem definidos, principalmente sobre os limites para seus gastos, vai ajudar você a lidar melhor com o dinheiro e investir mais, sem que para isso tenha que abrir mão das coisas que você gosta na vida. Quando não estabelece limites claros, você se torna o principal vilão contra a realização dos seus sonhos.

Você precisa ter, por exemplo, um limite de cartão de crédito que seja no máximo 30 a 40% da sua renda. Mesmo que a instituição financeira do cartão te der um limite que seja maior do que isso, você deve estabelecer o seu limite pessoal de gastos.

Conheço muita gente que tem mais limite no cartão de crédito do que a soma de todas suas rendas. Você tem noção do perigo que essas pessoas correm? Não é difícil imaginar, não é mesmo? Essas pessoas estão dando corda para elas mesmas se enforcarem.

Por isso você tem que ser bastante cuidadoso com isso. Por exemplo, se a instituição do cartão de crédito lhe concedeu um limite de cinco mil reais, mas sua renda é também de cinco mil reais, crie você mesmo um limite para o cartão que seja, no máximo, dois mil reais (40% da sua renda). E não ultrapasse esse valor em suas compras. Você tem que lembrar que esse é um dinheiro fictício, é um dinheiro que não é seu e que você não pode gastar.

É muito importante estabelecer limites para que seus gastos estejam dentro daquilo que sua renda pode pagar com tranquilidade. Em qualquer coisa na vida, estabelecer limites é fundamental. Quem não tem limites se torna inconsequente, tanto na vida, nos negócios, quanto nas finanças.

Estabeleça valores máximos de gastos para cada área da sua vida – diversão, gastos pessoais, viagens, desenvolvimento pessoal, livros, cursos, e até mesmo com suas extravagâncias e tudo o mais – e estabeleça indicadores coloridos para facilitar a sua visualização financeira. Para sinalizar como andam os seus gastos no dia a dia e como você deve agir quanto a eles, pinte de verde, amarelo ou vermelho os seus controles no papel, lembrando dos sinais de trânsito, que indicam um estado de atenção necessária, ou quando devemos parar e quando podemos avançar. Quando tem definido um limite claro, você tem nele um indicador de sinal verde ou vermelho para cada tomada de decisão financeira que você precisar fazer.

Tem muita gente que se for questionada sobre o quanto ela gasta com o lazer de sua família, ou seja, um cineminha, uma pizza no sábado à noite, uma festinha, um presentinho para um amigo, vai responder que não sabe, com a maior naturalidade.

QUEM TEM EGO GRANDE, TEM BOLSO PEQUENO.

Perceba que você tem que ter clareza de quanto gasta com coisas como essas. Porque é exatamente aí que o seu dinheiro pode estar indo embora, e você deixando de construir as coisas que são mais importantes na sua vida.

Tem uma frase que é bem conhecida, sobre finanças: "Crianças poupam, adultos investem". Só que não tem como você ter postura de adulto se ainda está agindo de modo infantil, desperdiçando os seus recursos, gastando mal e sem se preocupar em investir.

Mantenha-se alerta quanto aos seus gastos e estabeleça valores mensais para investir e fazer investimentos. Faça o dinheiro trabalhar a seu favor. Tenha em mente que o dinheiro mais fácil de ganhar é aquele que você não gasta, que você poupa. Porque esse dinheiro já está em suas mãos.

4. Revise seus custos

Outro ponto importante para você aprender a respeitar sua grana é revisar os seus custos com frequência. Isso é uma coisa que eu sempre faço. Uma vez por mês, paro e reavalio todos os custos que estou tendo. Faço uma revisão primária dos meus custos todo final de mês e a cada noventa dias faço um tipo de *check-up* dos meus números financeiros, para ver como andam os meus custos.

Revisando com frequência os seus custos, você sempre vai encontrar alguma coisa que dá para reduzir. É aquele telefone celular, que a conta está muito maior do que sua necessidade, ou aquela TV a cabo que já faz quatro meses que você não liga e fica pagando uma fábula, e coisas assim. Pode ser que você tenha uma casa de praia fechada o ano todo, dando despesas, e que você nunca vai para lá.

Estou dando alguns exemplos de uma possível realidade na sua vida pessoal, mas no mundo dos negócios é a mesma coisa. Quantos recursos você pode estar mantendo em seu negócio, pagando por eles, mas sem usá-los? Tudo isso é dinheiro escapando por pequenos furos na sua estrutura e indo para o ralo.

Imagine você carregando água em um balde cheio de furos. Você vai trabalhar muito e ter bem pouco resultado, não é

O DINHEIRO MAIS FÁCIL DE GANHAR É AQUELE QUE VOCÊ NÃO GASTA, QUE VOCÊ POUPA. PORQUE ESSE DINHEIRO JÁ ESTÁ EM SUAS MÃOS.

mesmo? E é assim com suas finanças. Você pode trabalhar feito um doido, ganhar muito dinheiro, mas se o seu balde tiver muitos furos você não vai ter sucesso.

Agora responda rápido: você tem noção de quantos furos tem no seu balde? Furos que muitas vezes você nem percebe? Que tal parar um pouco com sua correria do dia a dia e examinar como anda o seu balde das finanças?

Tenho em mente a ideia de que um furo no casco de um navio pode fazer com que ele afunde. Um furo grande pode provocar isso de modo mais rápido, mas uma porção de furos pequenos também pode fazê-lo afundar. Os pequenos débitos em conta, que as pessoas normalmente vão acumulando, muitas vezes sem nem perceber o que está acontecendo, podem ser comprometedores para suas finanças.

Outra coisa que faço muitas vezes é pegar todos os custos que tenho em um determinado momento e vou negociar – decido baixar 10% em todos eles e vou à luta, negociar com os fornecedores! Faço isso desde que me conheço por gente. Às vezes não consigo os 10%, mas sempre consigo algo.

Lembro-me que quando era garoto meu único custo era meu celular, mas eu sempre gastava muito para falar ao telefone. Para poder ajustar isso, de vez em quando eu ligava para a operadora e falava que queria cancelar minha linha. Dizia que só continuaria com ela se me dessem um desconto de 20%, caso contrário estaria fora do meu orçamento. A operadora então me dava os 20% para eu continuar com os serviços. Eles não perdiam o cliente e eu ficava feliz porque conseguia economizar 20% do meu custo com telefone.

Você tem que ter esse tipo de comportamento, porque isso vai fazer uma diferença gigante, primeiro na cultura que você vai instalar nas pessoas à sua volta e segundo porque sempre dará para você reduzir alguma coisa em seus custos.

A maneira mais simples, rápida e eficaz de aumentar a rentabilidade de qualquer empresa, de qualquer negócio, de qualquer pessoa, é reduzindo os custos. Porque aumentar o faturamento significa buscar novos clientes, abrir novas vendas, aumentar preços, expandir seu negócio, enfim, demanda muito mais esforço e investimento e tem um grau de incerteza grande quanto aos resultados. Reduzir custos é sempre o modo mais simples de ter mais rentabilidade.

Lembre-se: é muito importante que você avalie sempre quantos furos tem no casco do seu navio e os conserte. Muitas vezes são furos tão pequenos que passam despercebidos, mas que mais dia menos dia se somam e acabam afundando seu navio.

Muitas pessoas têm débitos em conta corrente que nem sabem que têm. É um débito aqui, outro lá, que quando junta tudo se tornam 10, 18, 20, 25% da sua renda, em coisas inúteis e desnecessárias, sem que você tenha noção do que está acontecendo.

Faça um *check-up* em suas finanças, pelo menos uma vez a cada noventa dias. E procure estratégias para reduzir os seus custos. Isso vai ajudar você a economizar muito, além de também te dar a clareza necessária para decidir por investir seu dinheiro da maneira correta, ou para usá-lo melhor em coisas que lhe fazem bem.

5. Tenha metas claras

Ter metas claras é algo muito importante para quem quer respeitar sua grana. Elas são fundamentais para você ter um horizonte, para atingir aquilo que quer realizar na sua vida. Se você não tem noção de onde quer chegar, fica muito mais difícil poupar e investir seu dinheiro.

Você precisa ter um alvo para atingir. Assim pode aproveitar melhor os seus investimentos. Tudo bem que nem sempre você vai conseguir atingir o alvo, mas sempre vai chegar mais perto de bons objetivos do que se não tivesse alvo algum onde mirar.

Para ser sincero, 80% dos meus alvos eu não atingi. Mas os 20% que consegui compensaram totalmente os outros 80, porque foi com eles que conquistei todo o meu sucesso.

Uma meta clara coloca luz na sua caminhada. Uma meta bem colocada mantém você motivado e o deixa pensando a respeito dela, em um modo de atingi-la, e isso vai fazer você evoluir, crescer como pessoa e como profissional.

Por exemplo, pode ser que você tenha como meta economizar 20% do que fatura durante o ano. Mas, no primeiro ano, você não consegue atingir, mesmo aplicando tudo o que sabe sobre finanças. Só que, olhando mais de perto, você percebe que conseguiu economizar 17%. E isso é muito mais do que tudo o que você tinha conseguido economizar em um ano, durante toda sua vida. Com isso, você já tem uma reserva para caminhar mais seguro e abrir novas possibilidades na sua vida, além de ter sua autoconfiança aumentada, pelo fato de agora se sentir capaz de poupar e investir seu dinheiro.

Quando você coloca uma meta de realizar dez coisas importantes, mas só consegue realizar nove, pode parecer meio frustrante a princípio. Mas quando analisa que até aquele momento da sua vida você só tinha realizado duas e agora está realizando nove, o ganho é enorme e sua satisfação e autoconfiança saem fortalecidas.

Metas são indicadores de performance e guias de direção a seguir. E isso é algo transformador. Mesmo quando você não atinge a meta que estabeleceu, só o fato de trabalhar por ela faz com que mude do nível em que se encontra, alcançando um patamar mais acima. Seu aprimoramento o torna ainda melhor dentro daquele famoso ciclo da evolução, constituído pelas ações de "Planejar, Executar e Revisar". Seu crescimento se torna contínuo, quando você se propõe constantemente a atingir novas metas.

Metas claras e bem traçadas são excelentes ferramentas para todas as áreas da sua vida e vão ajudar você a cuidar bem também do seu dinheiro.

6. Seja sábio com suas finanças

Seja sábio com sua lista de desejos, porque se você gastar com o que não precisa vai ter de vender aquilo que precisa. Ou não vai poder comprar o que necessita, ou mesmo terá de abrir mão de algo essencial na sua vida.

É preciso disciplinar os impulsos de compra. Para fazer isso, uma estratégia que sempre uso é "fazer o teste do tempo para qualquer coisa que eu deseje comprar". O que significa isso?

UMA META CLARA COLOCA
LUZ NA SUA CAMINHADA.

Se eu quero comprar alguma coisa, digo para mim mesmo: "Tá bom. Mas eu só levo amanhã". Eu não compro na hora. Deixo para o outro dia.

Descobri que não há nada como uma boa noite de sono para pôr as coisas no lugar. Normalmente, no dia seguinte, por incrível que pareça, aquele impulso já passou e eu percebo que aquela compra não iria me preencher, que seria um prazer apenas de momento, que não valia a pena investir aquele dinheiro.

Graças à técnica do deixar para amanhã, faço uma triagem bastante coerente sobre o que devo ou não comprar.

Às vezes também acontece que no outro dia acordo decidido a fazer compra. Então eu repenso tudo, reviso a ideia, percebo que aquela compra realmente me interessa, que eu quero, eu posso e realmente preciso daquilo. E vou lá e negocio para conseguir comprar com o melhor preço.

Comecei a controlar meus impulsos de compra assim e hoje já sou muito mais maduro e sei fazer uma triagem dos meus impulsos, não deixando minhas emoções tomarem uma decisão no meu lugar.

Para quem ainda não tem a maturidade de controlar seus impulsos é muito útil usar o tempo como auxiliar em suas decisões.

7. Pense diariamente sobre como você pode ganhar mais.

É impressionante como só de você pensar diariamente sobre como pode ganhar mais, isso te deixa numa condição muito mais favorável para que expanda a sua renda. Lembre-se sempre: tudo aquilo em que você foca, expande.

Desde que me conheço por gente, tenho esse pensamento todos os dias. Estou sempre me perguntando de que forma eu posso ganhar mais.

É exatamente por esse motivo que o meu radar para os negócios sempre foi apurado e está ficando mais refinado a cada dia. Sempre observo atentamente, estou sempre presente, em busca de um ângulo de visão que me propicie encontrar uma boa oportunidade.

Uma oportunidade surge quando você descobre um meio de ajudar alguém a resolver um problema, ajudar o seu ecossistema

SE VOCÊ GASTAR COM O QUE NÃO PRECISA, VAI TER DE VENDER AQUILO DE QUE VOCÊ PRECISA.

a superar as dificuldades e evoluir, ajudar a tornar a vida das pessoas mais fácil e melhor. Quando você encontra tal oportunidade, pode construir um negócio em cima dessa necessidade e ser bem pago por isso. A isso eu dou o nome de empreender.

Cada um de nós, dentro do nosso próprio ecossistema, tem uma atividade, um ambiente diferente, desafios e oportunidades únicas. Mas, uma coisa de que tenho certeza é que as grandes oportunidades passam sempre à frente das pessoas e, como elas não estão exercitando diariamente esse pensamento de como podem ganhar mais, deixam essas oportunidades se perderem.

Você fica muito mais proativo – e não reativo – quando treina esse pensamento. Isso aguça seu instinto de procura, torna o seu faro mais apurado, você ousa e arrisca mais, tenta mais, coloca-se permanentemente em uma posição de ataque, pronto para enfrentar qualquer dificuldade que possa aparecer.

Essa busca coloca mais tempero em suas decisões e estimula suas ações, detectando situações que o ajudem a atingir o seu objetivo.

Mantenha o seu radar de oportunidades ligado. Comece a perceber o mundo de uma maneira diferente, de um modo mais expansivo. E coloque o seu time no ataque para responder as questões sobre como você pode ganhar mais.

Desse modo, tenho certeza de que você vai encontrar novos caminhos, vai começar a enxergar boas oportunidades onde antes via apenas limitações. Essa maneira de pensar vai ser muito mais efetiva e você vai expandir sua maneira de ganhar dinheiro.

Tão importante quanto você poupar e aprender a investir corretamente o seu dinheiro, ampliar sua renda também é um ótimo acelerador para a sua independência financeira. Poucas coisas vão potencializar o seu processo de construção de riqueza quanto você buscar e descobrir meios de aumentar os seus ganhos diariamente.

Um dos principais segredos para construir uma vida financeira segura e consistente é você manter sempre em mente essa questão, essa busca. E é importante, depois, sair do plano dos pensamentos, dos sonhos, da imaginação e partir para a ação. Descubra como ganhar mais e saia executando essas ideias, sem perder tempo.

Quando você encontrar uma oportunidade, teste, valide, vá para cima com vontade, porque eu tenho certeza de que uma hora você vai acertar, vai encaixar um gol de placa e vai para o ponto mais alto do pódio do sucesso.

***

Outro ponto muito importante para valorizar o seu dinheiro é *não antecipar seus sonhos*. Sempre digo que quem antecipa sonhos alimenta pesadelos futuros.

Geralmente as pessoas fazem isso: antecipam seus sonhos, tentam ter hoje o que seria melhor esperar para ter amanhã. E se complicam financeiramente.

Por exemplo, se você quer um carro novo e não tem ainda todos os recursos para comprá-lo, não tem ainda a saúde financeira necessária para assumir esse custo, caso você antecipe essa compra provavelmente vai se meter em um financiamento, para pagar em parcelas, pagando juros altos. Se comprometer grande parte do seu orçamento com as prestações, você cria um pesadelo para amanhã.

Quando antecipa seus sonhos, comprando no presente o que seria mais conveniente comprar no futuro, o mais provável é que destine mais recursos do que pode para essa compra. Por isso, digo sempre: não antecipe seus sonhos, porque isso aumenta os seus pesadelos futuros.

***

Finalmente, mais um ponto importante que precisa ser considerado é *venda as coisas de que você não precisa*.

Se você não vende o que é velho, o novo não tem espaço para se manifestar. Estou falando de espaço físico, de espaço energético, de espaço financeiro. Ou seja, quem mantém recursos parados, sem uso, não abre espaço para que o que é realmente necessário entrar na vida.

Venda o que você não usa, as coisas de que não precisa mais. Não tenha vergonha de vender. O ato de vender é nobre e, com certeza, você disponibilizará para outras pessoas coisas de que elas estejam precisando.

Tem muita gente querendo comprar aquilo que você não usa ou de que não precisa. Faça circular esses bens, negociando de modo justo e que seja bom para todos. Um bom acordo comercial acontece quando todo mundo fica feliz com o resultado.

***

Enfim, com essas orientações básicas sobre o dinheiro você já tem os primeiros passos dentro da educação financeira necessários para construir um sucesso mais sólido. Porém, como somos seres sociais e convivemos em grupos e construímos relacionamentos, precisamos levar isso também em conta quando o assunto é dinheiro.

Dentro dos nossos relacionamentos, mais especificamente pensando em relacionamentos de casal, os cuidados e os entendimentos precisam ser constantes.

Quando o assunto é dinheiro no casamento, é preciso levar em conta que existem dois perfis bem básicos onde cada casal vai se encaixar: o Poupador e o Gastador. Nos relacionamentos de casais, portanto, dependendo do perfil de cada parceiro, acontece só um de três tipos de combinações possíveis: um Poupador casa com outro Poupador, um Gastador casa com outro Gastador, ou um Poupador casa com um Gastador.

Quando um Poupador casa com outro Poupador, formam uma combinação que é um facilitador, porque é quando se consegue investir com mais facilidade, já que o perfil dos dois é o de juntar dinheiro. O grande desafio aqui é que esse é um casal que tem pouca possibilidade de desfrutar a vida, porque está sempre querendo economizar dinheiro. Você deve conhecer um casal assim, que você chama para jantar, para viajar, para fazer alguma coisa diferente e eles nunca podem, não é mesmo? Isso porque eles estão sempre juntando dinheiro, guardando e, portanto, nunca estão dispostos a gastar.

É importante investir, sem dúvida alguma, mas você tem também que se recompensar, se dar o direito de desfrutar do dinheiro que possui. Você tem que ter em mente que a prioridade é poupar e depois investir, mas tem também que se premiar, viver, usufruir do dinheiro que possui, porque senão nada disso tem o menor significado. Não existe a pessoa mais rica do céu, porque daqui a gente não leva nada de material. É importante ter esse equilíbrio, para também aproveitar o seu dinheiro enquanto você está vivo.

Se este for o seu caso, Poupador com Poupador, minha dica para você resolver esse problema de como se dar a oportunidade de desfrutar mais é ter bons acordos com a pessoa ao seu lado. Combine com ela que toda vez que conquistarem algo, vocês se darão algo também, para comemorar a conquista. Isso vai ajudar vocês a ficarem atentos para a importância de se recompensarem. Sem contar que vai dar muito mais ânimo para buscar cada vez mais metas e atingir objetivos, porque vai liberar a permissão interna mútua para que vocês se divirtam juntos. É como um jogo. Quando você passa uma fase e recebe um prêmio, você quer outra fase para ganhar o próximo prêmio. Ter bons acordos é muito importante.

Quando um Gastador casa com outro Gastador, essa combinação tem um grande problema. Esse é um casal em que os dois se recompensam até demais, e por isso mesmo não conseguem sair do platô financeiro em que estão, não conseguem ir para um novo degrau na vida, outro patamar, porque é sempre um estimulando o outro a ter recompensas instantâneas. Eles não têm freio de mão. Enquanto no outro casal, Poupador com Poupador, tem duas pessoas com freio de mão puxado, que não conseguem sair do chão para se recompensar, neste casal nenhum dos parceiros tem freio, ou seja, é ladeira abaixo, porque não tem ninguém para segurar e com bom-senso para controlar os gastos.

Se você percebe que é Gastador e está casado com outro Gastador, lembre-se que o importante é ter momentos em que um dos parceiros exerça a função de Poupador. Eu sei que é contra sua natureza, mas, por exemplo, se você é tão Gastador quanto sua mulher e vocês decidem ir a um shopping, combinem antes quem vai ser o Poupador e quem vai ser o Gastador dessa vez. Com isso, se o Gastador quiser pular um pouquinho fora do combinado, o outro segura as pontas, ele dá um toque. E assim vocês vão trocando esses papéis, porque alguém que é Gastador não consegue ficar muito tempo no perfil de Poupador, simplesmente porque isso vai contra sua natureza.

No terceiro caso, que é quando um Poupador casa com um Gastador, essa combinação pode ficar incrível. É uma combinação perfeita. A estratégia que fica mais visível é que um parceiro acelera e o outro freia e eles vão se contrabalançando e andando com harmonia. Nas curvas, hora de frear, nas retas, hora de recompensar, hora de acelerar e curtir, sempre mantendo esse equilíbrio.

Mas não precisa ser só esse o cenário do casamento perfeito, a permitir que o casal seja feliz, fazendo bom uso de suas finanças. Desde que se tenha a estratégia correta para cada cenário, tudo pode ser muito bem usado e os casais podem investir ao mesmo tempo em que usufruem do dinheiro. Tudo depende de eles adotarem boas estratégias que respeitem sua grana.

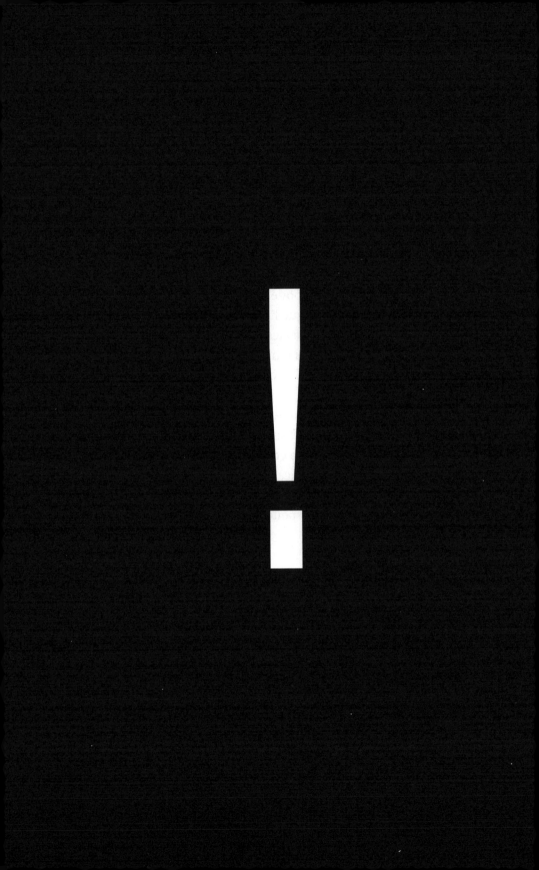

SABER DIVIDIR SUA VIDA COM ALGUÉM

O ser humano foi feito para viver em comunidade. É muito importante aprender a viver com alguém, no mínimo para conservar nossa sanidade mental.

Uma das formas de tortura mais terríveis que existem é deixar alguém totalmente isolado. Quando privado do contato com outras pessoas, fica muito fácil de a pessoa abdicar da própria vida.

Precisamos levar isso em consideração e pensar muito sobre a nossa convivência em nossos relacionamentos. Se queremos de fato dividir nossa vida com alguém de modo que todos possamos ficar mais felizes, precisamos cuidar bem da qualidade das nossas relações.

O exemplo mais imediato e adequado para compreender a dimensão de se conviver com alguém, viver com outra pessoa e também para a outra pessoa, é a vida a dois no casamento – vou chamar de casamento para simplificar, mas vamos falar de relacionamentos que envolvem muita intimidade e cumplicidade.

Esse é um dos maiores testes pelos quais passamos na vida, porque a proximidade e a intimidade do casal é tanta que acaba expondo até mesmo "aquele lado não tão agradável" dos dois parceiros, o que torna a convivência um verdadeiro desafio. É aí que a nossa dedicação tem que ser bem grande, para mantermos o bom clima da relação.

Não é por acaso que os casamentos no nosso país têm durado tão pouco. De acordo com dados recentes de estatísticas divulgados pelo Instituto Brasileiro de Geografia e Estatística (IBGE), 56,5% dos casais vêm se divorciando antes de completar quinze anos de união.

Costumo dizer que o 15º ano é uma "data de corte" para os casamentos. E isso acontece porque as pessoas deixam de dar atenção a alguns fatores que considero fundamentais para um bom relacionamento. Deixam de cuidar do que é essencial para que a convivência continue sendo agradável e renovadora.

Não sei se você já é casado ou namora, se vai casar ou se pensa nisso ou não, mas se você é uma pessoa que vislumbra a possibilidade de um dia viver uma vida a dois, tenho certeza que esta conversa vai ajudar muito. E se você for casado, tenho certeza de que esta nossa troca de ideias será ainda mais incrível.

Estou com minha esposa há doze anos, contando o tempo de namoro, de noivado e de casado. E quero falar aqui de algumas coisas que aprendi nesse meu relacionamento, principalmente depois que me casei – sim, porque depois que você casa é que as habilidades que precisam ser desenvolvidas ficam mais evidentes.

Vou sair um pouco do óbvio, porque a grande função deste livro é ajudar você a navegar por áreas que promovam o seu desenvolvimento. E o desafio sempre é maior naqueles campos que nos são desconhecidos.

Quando pergunto para as pessoas o que é vital para um bom relacionamento, todo mundo fala que é o amor, o respeito, a união e coisa e tal. Mas não é disso que quero falar, porque isso é o básico. Vou falar de coisas práticas do cotidiano de um casal, das cinco coisas que descobri depois que me casei.

Quero deixar aqui um alerta: embora eu esteja falando desses cinco pontos olhando pelo ângulo de uma relação de casal, você poderá observar que eles são importantes para qualquer tipo de relacionamento.

1. Negociar

A negociação entre o casal é uma das coisas mais importantes para a relação. Quando falo em negociar, é preciso entender que o casamento também é uma sociedade, na qual você está dividindo sua vida com outra pessoa, nos mais diversos campos que a compõem.

O casamento é como um negócio em que você tem um sócio. A única diferença é que no casamento você tem sexo e outras coisas mais, mas nem por isso deixa de ser uma sociedade. Portanto, é muito importante aprender a negociar com sua esposa ou com o seu marido.

Como empreendedor, me deparo muitas vezes com pessoas que me procuram para falar da falta de apoio que sentem por parte de suas esposas, ou maridos. São também empreendedores que reclamam que seu companheiro ou companheira não os apoia em seus planos, em suas ideias, nos novos projetos que estão desenvolvendo.

A primeira pergunta que normalmente faço a eles é o que estão dando em troca para suas esposas. Afinal, eles estão pedindo algo e têm que dar alguma coisa em troca para a outra pessoa. É assim em todo acordo comercial. Cada uma das partes oferece algo e as duas partes têm que concordar, em pesos e medidas, com a oferta.

Negócio bom é aquele em que todo mundo fica feliz. Se você faz um negócio em que só você está feliz, nunca mais vai conseguir voltar a negociar com aquela pessoa. Experimente analisar pelo contrário: o que acontece quando você faz um negócio com alguém e não fica feliz? Você nunca mais volta a procurar essa pessoa, não é verdade?

Às vezes você está pedindo uma coisa muito maior em troca daquilo que está dando e as coisas não deslancham. Então é preciso aumentar sua oferta, aumentar sua proposta, ou seja, começar a negociar de maneira justa. Veja o que você está dando em troca daquilo que está pedindo.

É preciso ter conversas francas com o seu parceiro e juntos aprenderem a negociar para resolver as divergências. Saber conversar e negociar com a outra pessoa envolve um dos maiores segredos da comunicação: ser um bom ouvinte. Não é só falar.

Quando converso com uma pessoa costumo perguntar muito, porque acho que as perguntas são libertadoras. Elas abrem caminhos e clareiam situações. Tudo fica muito mais claro quando você faz boas perguntas.

Lembro-me que quando comecei o meu negócio de Marketing de Relacionamentos, profissão que foi e é uma escola para mim, eu tinha que me deslocar muito e ficava bastante ausente de casa, e isso dava uma esfriada na relação de casal. No começo

NEGÓCIO BOM É AQUELE EM QUE TODO MUNDO FICA FELIZ.

isso foi uma dificuldade, até minha esposa entender e aceitar que a gente precisava ficar um pouco mais longe um do outro, enquanto eu construía as bases do nosso negócio.

Como estava começando minha carreira, tudo tinha que ser muito preciso e intenso, eu tinha que colocar muito mais atenção e energia no meu trabalho, para poder atingir os resultados que buscava. Conversei com minha esposa e ficou claro para nós dois que essa dedicação era necessária, mas que seria por uma boa causa, pelo nosso futuro, que seria por nós dois. E que seria apenas por um tempo e depois poderíamos ter para nós todo o tempo do mundo.

Minha esposa me disse que aguentaria minha ausência, mas mediante um acordo: que a cada noventa dias a gente fizesse uma viagem só nossa, não importa para onde, mas o mais importante seria estarmos juntos, só nós dois, por alguns dias. Concordei, e a partir dali eu trabalhava muito, abrindo mão de fins de semana, feriados e festas, de todos os compromissos sociais com amigos e até mesmo com ela. Mas depois de três meses eu saía com minha esposa para a nossa viagem de lazer e não deixávamos que nada nos atrapalhasse nessas férias.

No começo nós não tínhamos dinheiro para fazer grandes viagens. Mesmo assim, viajamos para um sítio de um familiar meu, em Pirapora do Bom Jesus, um lugar pertinho de São Paulo, e ainda por cima barato, porque o que importava não era o lugar, mas sim estarmos juntos.

Lembro-me que a gente não levava nem telefone. E durante aqueles dias nos dedicávamos cem por centro um ao outro. Era incrível! Quando voltávamos, estávamos de "tanque cheio de energia". E eu partia para correr por mais noventa dias, em busca de nossos sonhos. Esse nosso acordo funcionou e funciona muito bem até hoje, quando tenho que me ausentar por algum tempo, para desenvolver nossos negócios.

O que considero importante ressaltar aqui é que sempre que precisei negociar com minha esposa eu procurei usar a palavra "nós", de modo que ela pudesse também se enxergar dentro dos meus planos. Seu parceiro ou parceira só não vai apoiar os seus planos quando não se vir como parte deles.

SEU PARCEIRO OU PARCEIRA SÓ NÃO
VAI APOIAR OS SEUS PLANOS QUANDO
NÃO SE VIR COMO PARTE DELES.

Outro ponto que merece cuidado é você não deixar a outra pessoa se sentindo esquecida. Ela precisa perceber que continua importante dentro do seu dia a dia, mesmo que você esteja muito atarefado.

Mesmo quando estou superocupado, sempre pergunto para minha esposa como ela está se sentindo sem os nossos sagrados jantares de sexta-feira, ou então sem os nossos cineminhas de toda semana, e escuto o que ela diz e procuramos juntos achar um jeito de não deixar de lado as coisas importantes para a nossa relação. Porque às vezes a gente tem que abrir mão de algumas coisas, tem de escolher, fazer uma renúncia e isso precisa estar claro e combinado entre os dois. À medida que mostro que me importo com o que ela sente, pensa e quer, isso nos une e fortalece ainda mais.

Até hoje ainda me desloco muito devido a minha profissão. Viajo treinando minha equipe, fazendo reuniões de negócios, enfim, abrindo mercados e consolidando nosso empreendimento. Afinal, não existe uma luta que seja vencida sem muita transpiração e nem vitória conquistada sem muito suor. Mas hoje já posso fazer diferente, porque tenho mais controle sobre meu tempo e sempre que possível levo a família comigo, e aproveitamos as oportunidades para fazer muitos passeios.

É importante perceber que, além de aprender a negociar, você tem que fazer bons acordos. E de vez em quando tem que parar para rever seus acordos, porque eles funcionam até um determinado tempo, já que muitas vezes as circunstâncias mudam. Isso é bom, porque traz a possibilidade de fazer novos acertos, o que nos permite sempre procurar sanar qualquer desentendimento.

Transportando esses aprendizados da vida de casal para os negócios e para o nosso relacionamento com o mundo em geral, podemos também colher melhores resultados.

2. Ceder

Costumo dizer que quando você quer ter uma vida plural pensando no singular, as coisas não funcionam. Quando você não sabe ceder, nada dá certo em uma vida a dois, ou mesmo em uma vida em comunidade.

QUANDO VOCÊ QUER TER UMA VIDA
PLURAL PENSANDO NO SINGULAR,
AS COISAS NÃO FUNCIONAM.

Para mim, amar é colocar as necessidades do outro à frente das suas. Em um relacionamento sério como o casamento, sem dúvida, você terá que fazer isso muitas vezes.

É claro que também não pode ser sempre assim, sem nenhum critério. Não pode ser só um a ceder, porque isso não faria bem para o relacionamento. Tem que ter um equilíbrio entre o casal, onde cada um cede uma vez. Senão isso vira um problema.

É bastante fácil de perceber que se você só for colocando as necessidades do outro à frente das suas, o tempo todo, e nunca pensar em si mesmo, vai surgir uma frustração e um desequilíbrio na relação. Afinal, você não pode abrir mão das suas conquistas para passar a vida fazendo só o que interessa para o outro. Não dá para viver pensando em todo mundo e não pensar em si mesmo. Isso vai acabar gerando um sentimento muito amargo de não ser merecedor de realizar os seus sonhos.

A palavra-chave aqui é equilíbrio. Não seja resistente, a ponto de nunca abrir mão do que você pensa. Respeite e aceite também a opinião e a vontade do outro. Mas nunca esqueça de você também nessa caminhada. Nunca esqueça de correr atrás daquilo que alimenta o seu coração.

Lute pelos outros, lute por quem você ama, mas nunca se tranque em uma geladeira. Há uma grande diferença entre colocar as necessidades da pessoa que você ama à frente das suas de vez em quando e nunca mais pensar naquilo que você quer. Tem que haver um equilíbrio nessa relação. Como disse Aristóteles, "A virtude irá consistir no 'meio-termo' entre dois extremos"[1].

Como em todo o contrato, muitas vezes você terá que colocar no papel tanto suas prioridades quanto as prioridades do seu parceiro. Às vezes vai ter que abrir mão de algumas das suas, e outras vezes ele vai ter que abrir mão de algumas das dele, até vocês chegarem a um denominador comum.

É superimportante aprender a ceder, é normal e interessante de vez em quando "você perder". É sadio. E quando falo

---

[1] Disponível em: <https://www.sabedoriapolitica.com.br/products/a-etica-em-aristoteles/>. Acesso em 29 ago. 2019.

SACRIFÍCIOS PROVISÓRIOS TRAZEM
RECOMPENSAS PERMANENTES.

em perder, estou falando de abrir mão de algo que você quer para realizar aquilo que o seu parceiro quer. Porque a vida é assim: um dia um abre mão e no outro dia o outro é quem cede – e ambos se sentem felizes e vitoriosos.

Esse entendimento é importante. Viver uma vida no plural significa que os sacrifícios e as vitórias precisam acontecer sempre dos dois lados. O segredo do bom relacionamento e da boa convivência é esse. Você não pode vencer sempre, nem pode só perder. É preciso buscar um equilíbrio sadio, cada um cedendo por sua vez.

3. Tolerar

Outra coisa que percebi ser fundamental em qualquer relação é tolerar. Você tem que desenvolver a tolerância, senão não será possível passar o resto da vida com a pessoa com quem você decidiu viver – na verdade, sem tolerância é impossível viver por muito tempo com quem quer que seja.

Tem muita gente que fala que os semelhantes se atraem e, é claro, é incrível quando a gente encontra pessoas que compartilham das mesmas coisas que nós. Mas, são as diferenças que realmente somam e se completam, tornando o todo mais inteiro.

Você tem que aprender a ser tolerante porque diferenças existem e é assim que o mundo se torna mais bonito, mais completo. Cada pessoa tem sua maneira de ser. Até mesmo os casais que mais combinam têm diferenças entre os parceiros. Tem diferenças entre o que um valoriza e o que o outro considera importante; tem diferenças de comportamento; diferenças de personalidade. E são essas diferenças que dão o tempero gostoso nos relacionamentos.

Se você for intolerante, vai perder a paciência com muita facilidade e isso é uma péssima maneira de se relacionar. Um casal em que alguém não é paciente, não é tolerante, não consegue permanecer junto por muito tempo, e mesmo que fiquem juntos não são felizes.

Lembre-se que o que é importante para a pessoa com quem você decidiu viver tem que se tornar importante para você

TOLERAR É VALORIZAR O QUE É IMPORTANTE PARA O OUTRO.

também. Existem coisas que não eram importantes para mim até eu conhecer minha esposa, mas eram essenciais para ela. É lógico que elas entraram na minha lista de prioridades, porque são importantes para a pessoa que eu amo.

O primeiro passo para aprender a gostar do que o seu parceiro gosta é ser tolerante com aquilo que ainda não é do seu gosto. Aprender a tolerar o que não o agrada é crucial para construir uma relação duradoura. Ficar se indispondo com tudo que não está do jeito que você quer só prejudica um relacionamento.

São os nossos valores que guiam as nossas decisões e nossa ações. Por isso, muito da tolerância que desenvolvi veio do fato de ter aprendido a entender os valores de quem está ao meu lado.

Quando você aprende a ser tolerante, aprende a respeitar a diferença do outro, passa a entender o que é importante para a outra parte, mesmo que aquilo não signifique necessariamente o mesmo para você. Ser tolerante é demonstrar valor àquilo que o outro ama e respeitar isso.

Nos negócios também, da mesma maneira que nos casamentos, a tolerância traz sempre os melhores resultados.

4. Inovar

Inovar é outra habilidade necessária para quem quer viver em comunidade, em um grupo e, principalmente, para quem quer ter uma boa vida de casal.

Um relacionamento tem que estar sempre crescendo. Tudo que não cresce está morto. É a lei da natureza. Não existe um só momento estável, estagnado, paralisado dentro da existência. Mais ainda: não existe um relacionamento estável. Se ficou estável, é porque está morrendo. Você tem que inovar sempre nos seus relacionamentos, para que eles tenham vida, energia e renovação.

Mas como é que a gente inova no relacionamento? Com criatividade! Começando a frequentar lugares novos, praticar atividades diferentes, viver novas experiências. Trace novos caminhos para o seu relacionamento acontecer, novos planos, novos projetos, novas iniciativas. Você tem que buscar fazer coisas

GOSTO DE DIZER QUE A
INOVAÇÃO É RENOVAÇÃO.

diferentes, renovar ciclos existentes e criar outros. Quando você inova, transforma a si mesmo, ao outro e à relação.

Se você já teve a oportunidade de namorar, noivar e casar com alguém, sabe que a partir do momento que você fica noivo dessa pessoa, somente essa renovação dos votos, essa renovada no ambiente, no compromisso, dá uma nova energia à relação e até parece que vocês começaram novamente o compromisso do zero, com o frescor e a energia boa de uma coisa nova, cheia de esperanças.

Quando você assume o compromisso de noivado, a sensação é de que o namoro começou de novo; aquela empolgação do início do relacionamento volta. Depois, quando casa, o fato de colocar aquela aliança no dedo e renovar os votos de amor faz com que você se comporte de modo diferente, mais comprometido e pronto a cuidar da sua parceira ou parceiro. Você assume aquela nova responsabilidade e, mais uma vez, é como se o relacionamento tornasse a começar.

É muito importante inovar, saber comemorar coisas fundamentais, não deixar a relação cair na mesmice de todo dia. Porque muitas pessoas esquecem de colocar uma nova energia no relacionamento e deixam que ele vá se acabando com o tempo. E chega um momento em que fica só aquela lembrança do tempo bom, lá do começo do relacionamento, tempo em que havia muita novidade em tudo que os dois parceiros viviam.

Gosto de dizer que a inovação é renovação. Inovação é como aquela bomba de ar em um aquário: ela oxigena a água, não deixa criar fungos, não permite que a água turve, não deixa o ambiente perder a vida.

5. Surpreender

Surpreender é uma grande habilidade para quem vive uma vida a dois, e também para quem quer que os relacionamentos cresçam com mais qualidade.

Surpreender vem na mesma linha do inovar, só que acontece, em grande parte das vezes, com coisas muito simples. São detalhes que fazem toda a diferença. Aquelas pequenas coisas

TODO RELACIONAMENTO QUE NÃO CRESCE, MORRE.

que a gente muitas vezes esquece, porque só valoriza as grandes inovações.

Tenha em mente que são os detalhes que enriquecem uma relação. São eles que dão o tempero e que não deixam o relacionamento perder o sabor. São as pequenas surpresas, aqueles momentos em que você faz algo que a pessoa não espera. É quando você se recusa a fazer o óbvio no relacionamento e dá ao outro mais do que foi pedido a você.

Quando o casal surpreende positivamente um ao outro com frequência, a relação cresce, pois está sendo alimentada com o amor de quem vê no outro muito mais do que um simples participante de uma rotina.

***

Negociar, ceder, tolerar, inovar, surpreender. Estes são alguns dos segredos para fazer uma relação durar mais e se manter com qualidade. São elementos que dão à relação a atenção e o cuidado necessários para que ela cresça e dure. Quando uma relação não recebe esses cuidados ela oxida e se deteriora.

Muitas vezes um casamento não tem nenhuma grande briga, nenhum desentendimento, nenhum grande evento negativo, mas acaba em separação. Termina por falta de simples cuidados diários. É como deixar uma cadeira de ferro na varanda da praia, sem cuidar, e voltar depois de um tempo: você vai ver que ela oxidou, estragou, se perdeu.

Falamos neste capítulo focando nos relacionamentos de casal porque é algo do nosso dia a dia e muito próximo daquilo que todos nós experimentamos e compreendemos. Mas todos os pontos de que falamos aqui servem para qualquer tipo de relacionamento. Enfoderar-se de verdade é levar em conta todos esses detalhes e se especializar em dividir sua vida com alguém, seja no campo pessoal ou na área profissional.

IDENTIFICAR OS ERROS DE QUEM SÓ SE FODE

É preciso reconhecer as armadilhas em que podemos cair, à medida que caminhamos. Por mais simples e corriqueira que ela seja, uma armadilha sempre é algo que prejudica, atrapalha, atrasa a nossa jornada. Por isso precisamos ter as estratégias certas para evitar ficar presos nessas ciladas.

Existem muitas formas de evitar as armadilhas do caminho e uma delas é estar certo do que você está fazendo. Porém, muitas vezes é até mais importante saber o que não fazer do que saber exatamente o que fazer. A eliminação da certeza do erro clareia os caminhos. Às vezes você não sabe o que é certo, mas quando tem clareza do que é errado já pode escolher o caminho, desviando do erro.

Porém, não dá para negar que ainda tem gente na vida que só se dá mal – só se fode. E, para mudar isso, a primeira coisa que essa pessoa precisa fazer é reconhecer a situação. O reconhecimento é o marco zero para o início da mudança.

Toda mudança acontece a partir da consciência sobre a dificuldade existente, toda solução começa a partir do reconhecimento do problema. Quando você começa a analisar sua situação procurando por uma solução, já começa a sair da posição de "só se foder".

Aquilo que não pode ser medido, não pode ser aprimorado. Aquilo que não é identificado não pode ser alterado. Quem não se autoanalisa não identifica o que pode ser melhorado. Quando você não sai do piloto automático e não olha para dentro de si mesmo, continua a cometer os mesmos erros, que o acabam levando para o fracasso.

As pessoas que só se dão mal insistem em alguns comportamentos que as levam ao fracasso, e nós agora vamos reconhecer e analisar alguns deles. O ponto zero é o reconhecimento da

ÀS VEZES VOCÊ NÃO SABE O QUE É CERTO, MAS QUANDO TEM CLAREZA DO QUE É ERRADO JÁ PODE ESCOLHER O CAMINHO.

dificuldade e depois é preciso identificar "os erros de quem só se fode", para poder evitá-los.

1. A falta de paciência

Muitas pessoas, em especial as muito jovens, têm um calcanhar de Aquiles, que pode pôr tudo a perder na vida delas: a falta de paciência.

Hoje é muito comum a gente ouvir falar da "Geração do Milênio" e da "Geração Z"[2], que têm marcado presença forte no mercado de trabalho. Uma das características mais marcantes dessas pessoas, em especial as que têm menos de trinta anos, é que elas querem tudo muito depressa. Querem resultados imediatos, subir logo na vida, progredir na profissão na velocidade da luz. Querem respostas rápidas para tudo o que fazem.

Ao mesmo tempo, esperam muito de sua própria performance e acabam se decepcionando facilmente, porque a vida tem seu próprio ritmo, que nem sempre é tão rápido quanto elas esperam.

Também me incluo nesse grupo – hoje estou com 33 anos – já tive que lidar com essa ansiedade enorme que toma conta da gente nessa fase da vida e quero dar um recado especial para essas pessoas, para que elas não percam algo incrível, que pode ser a oportunidade da vida delas, por não saberem esperar o tempo certo de as coisas acontecerem.

Dentro da minha ótica profissional, digo que isso é também uma coisa bem incoerente. Porque uma pessoa que tem entre vinte e quarenta anos tem todo o tempo do mundo para construir seu negócio, sua carreira profissional. Ela tem a maior de todas as vantagens competitivas, que é o tempo para testar suas ideias, errar, corrigir e acertar, várias vezes se for necessário. Por isso é que digo que é muito importante você colocar essa vantagem para trabalhar a seu favor.

Se você está nessa faixa de idade, pense: você tem tempo para errar, fracassar, tem tempo para cair dez vezes e se levantar

---

2 A Geração Z é a definição sociológica para a geração de pessoas nascida, em média, entre meados dos anos 1990 até o início do ano 2010.

É IMPORTANTE VOCÊ TER PACIÊNCIA,
MAS NÃO A CONFUNDIR COM LERDEZA.

onze, e ainda assim vai ter tempo de sobra para desfrutar do seu sucesso. Se você tem vinte anos, por exemplo, e trabalhar dez testando suas ideias e construindo o seu caminho, quando o sucesso chegar você ainda vai ter apenas trinta anos.

Tem que ter paciência. Eu até brinco um pouco com essa ideia, dizendo que paciência é a arte de sofrer com alegria. Porque é preciso esperar o tempo certo do seu sucesso e continuar em frente enquanto ele não chega.

É importante você ter paciência, mas não a confundir com lerdeza. São coisas bem diferentes.

Tem gente que é lerda na vida e é por isso mesmo que só se fode. Uma pessoa que se esconde atrás da lerdeza, que é a "falsa paciência", não realiza coisa alguma, porque a lerdeza não a leva para lugar algum. Ela não tem pegada, não tem consistência, não tem dinâmica nem resiliência. Só espera que as coisas aconteçam, sem colocar a energia para acelerar e realizar, mesmo que seja algo que esteja ao seu alcance.

Percebe como isso é muito diferente de ser paciente? Ter paciência é fazer o seu melhor, respeitando o tempo de acontecimento de algumas coisas que estão fora do seu controle.

Pessoas que não têm paciência só se fodem, pois a falta de paciência desencadeia um processo de "não realização" em diversas áreas da vida. Quem não tem paciência acaba caindo facilmente nas armadilhas mais comuns, porque não usa a cautela enquanto caminha.

A falta de paciência, além de acentuar os riscos da jornada, desencadeia um processo de descontinuação do seu trabalho na busca dos seus objetivos. É a armadilha que gera ansiedade e o sentimento de pressa, que contribuem para a desistência, para a falta de compromisso, de tolerância, de pegada, de execução, de aprimoramento, de resistência e de resiliência.

A pessoa impaciente não tem força de recomeço, não tem entusiasmo para fazer o que está faltando, cai muito no vitimismo. Em geral, coloca nos ombros dos outros a responsabilidade pelo que está ocorrendo na vida dela, ou atribui "a culpa" de tudo a forças externas a ela, ou mesmo à vontade de Deus.

PACIÊNCIA É A ARTE DE
SOFRER COM ALEGRIA.

A pessoa paciente é muito mais centrada. Não perde o eixo, não perde o foco, não perde o ponto, não perde o alvo, não se desvia dos seus objetivos e não age por precipitação. Usa todos os recursos à sua volta, planeja, executa e revisa. E se não der certo, como é paciente e persistente, ela volta, planeja, executa e revisa novamente. Enfim, ela tem um conjunto de ações mais eficientes, que acabarão por levá-la à vitória.

O que me dói muito é ver que a falta de paciência tira muitas pessoas do jogo. Foram muitas as pessoas promissoras, especialmente nessa faixa de idade mais nova, que eu já vi caírem ao longo da jornada, porque queriam as coisas "para ontem" e não souberam esperar pelos resultados.

Sempre digo que quando você troca aquilo que mais quer na vida por algo que "quer agora", tudo o que colhe é arrependimento. Tenha a paciência de esperar a hora certa de colher o que está plantando. Principalmente se você ainda é novo, coloque a seu favor essa vantagem tão importante que você tem, que é o tempo.

Curta cada fase que você vive. Se é uma fase desafiadora, viva isso com prazer pelo desafio. Está em um momento próspero? Curta e continue em frente. O momento é de batalhas intensas? Lute com vontade e com a certeza de que você vai vencer. E tenha a paciência necessária para tudo acontecer como você quer. Porque você tem tempo.

Pensando dessa maneira, você vai ter mais serenidade e mais prazer em fazer tudo o que se propõe. Com isso virá a maturidade, mais firmeza nas suas decisões, mais consistência e mais segurança nos seus passos pelo caminho do sucesso.

Lembre-se que o mérito é construído através do tempo, e a consequência do seu trabalho é o seu sucesso e a sua realização como pessoa e como profissional. Seja vitorioso desde já. Comece a usar a seu favor um recurso que tira a maioria das pessoas do jogo: o tempo que você tem pela frente.

Vá sim para a luta, vá para cima do seu objetivo, lute com todas as forças, coloque a mão na massa para fazer acontecer – afinal, paciência sem execução tem sempre resultado igual a

QUANDO VOCÊ TROCA AQUILO
QUE MAIS QUER NA VIDA POR ALGO QUE
"QUER AGORA", TUDO O QUE COLHE
É ARREPENDIMENTO.

zero. Lute com todas suas forças e toda sua garra. Mas seja muito paciente, que seu tempo de vencer vai chegar.

2. A preguiça

A preguiça é como se fosse um par de algemas: prende a pessoa a uma situação que ela não gosta e não quer, mas que não tem ânimo para mudar. O que mostra que a preguiça é um dos padrões das pessoas que só se fodem, porque aceitam viver de uma maneira que não está legal.

De certa forma, a preguiça também tem a ver com a irresponsabilidade. A pessoa sabe o que precisa fazer, mas decide não fazer. Tem clareza de algo que deve ser feito, só que escolhe deixar para lá. E isso é uma irresponsabilidade total com ela mesma e com os outros.

Essa é uma situação diferente de quando você não faz alguma coisa por não saber que precisa ser feito. Nesses casos, você pode estar fazendo outras coisas que não o estão levando pelo caminho certo, mas está testando, experimentando, está tentando, está validando. Uma hora encontra o caminho certo e tudo melhora. Ou seja, você está virando as cartas do baralho, mas ainda não encontrou o Ás. Porém, se continuar passando as cartas, vai chegar uma hora em que vai achar o Ás que procura.

Com o preguiçoso o que acontece é que ele sabe que para encontrar o Ás vai ter que virar as cartas, mas decide não fazer isso. E essa decisão pode vir por ele não ter clareza sobre o que quer, porque não definiu isso, ou talvez não veja sentido naquilo que faz. Ou ainda porque tem uma vontade inconsciente de boicotar os próprios planos, ou simplesmente não acredita que pode vencer na vida.

Por exemplo, eu fui um aluno muito irresponsável na escola, medíocre, preguiçoso até. Isso porque nenhum professor, nenhum familiar ou amigo conseguiu me passar um bom motivo para que eu fizesse o que tinha que fazer, para que me dedicasse aos estudos e fosse um bom aluno. Eu questionava muito tudo aquilo, na época escolar. Sabia o que era para fazer, só que decidia por não fazer. Em vez de estudar eu ia para a rua jogar bola e no dia da prova tirava zero.

O TEMPO NÃO DETERMINA SE VOCÊ IRÁ
OU NÃO SAIR DE CASA;
ELE DETERMINA SÓ SUAS ROUPAS.

Pense bem: quantas pessoas você conhece que tiram notas baixas no seu negócio, dentro da sua atividade, dentro dos seus relacionamentos, simplesmente porque sabem o que é para ser feito, mas decidem não fazer? Porque uma força maior, chamada preguiça, toma conta da vida delas e põe tudo a perder.

Existe uma técnica que eu uso muito para neutralizar a preguiça, que quero ensinar para você. Aprendi que diante dessa questão o melhor meio de agir é procurar diminuir o "custo de ativação" daquilo que você tem que fazer.

A preguiça acontece quando o custo de ativação de alguma coisa é maior do que a percepção da necessidade de fazer essa coisa. Mas o que é esse custo de ativação? É o esforço que você tem que colocar para iniciar alguma coisa que precisa fazer, ou mesmo que quer fazer.

Geralmente, quando não se tem o hábito de fazer algo, o esforço necessário para iniciar é muito grande. Costumo dizer que "o custo de ativação" daquela atividade é alto. O segredo para acabar com a preguiça é exatamente procurar diminuir esse custo de ativação.

Por exemplo, hoje sou uma pessoa muito determinada. Faço atividades físicas todos os dias, acordo às cinco e meia da manhã para ir para a academia. As pessoas ficam impressionadas e todo mundo admira a forma como sou dedicado. Mas nem sempre foi assim. No início, eu queria muito treinar todos os dias, mas a preguiça não deixava.

Lembro que quando comecei a fazer atividade física eu acordava pela manhã e olhava para as coisas que tinha que preparar antes de sair para a academia: encontrar o tênis, escolher as meias, separar a toalha, pegar a garrafinha de água, e por aí vai. Dava muito trabalho. Ou seja, o "custo de ativação" para eu fazer minha atividade física estava sendo muito alto – tão alto, dava tanto trabalho, que eu acabava ficando com preguiça e desistindo de ir para a academia.

Continuei nessa preguiça de ir para a academia até o dia que decidi que deveria dar um jeito de ter menos trabalho pela manhã, ao acordar, para não me dar tempo de desistir da atividade física. Eu precisava diminuir aquele "custo de ativação".

FACILITE O QUE FOR CERTO E DIFICULTE AQUILO QUE FOR ERRADO.

Foi aí que decidi fazer o seguinte: como queria ir treinar de manhã, na noite anterior, antes de dormir, eu separava o tênis que ia usar, já com as meias dentro, colocava a camiseta em cima do tênis, a bermuda por cima da camiseta, punha a garrafinha de água cheia junto do tênis e depois colocava tudo isso dentro da bolsa que eu iria levar para a academia. Se tinha algum tipo de suplementação alimentar, eu colocava também dentro bolsa. Colocava a bolsa com tudo em um local onde eu teria que passar para sair de casa. Punha a chave e os documentos do carro em cima da bolsa e o celular carregando ao lado da chave. Dessa maneira, tudo o que eu tinha que fazer de manhã era pegar esse material e sair. Ou seja, eu diminuí muito – quase zerei – o custo de ativação para fazer minha atividade física.

Fiz melhor ainda: escolhi uma academia bem perto de minha casa, de modo que eu não precisava pegar trânsito para chegar até lá. Não era a melhor academia, mas o custo de ativação ficava bem mais baixo.

Ou seja, eu facilitava o máximo minha vida, para só ter que ligar o carro de manhã e sair. Porque sabia que se fosse acordar e ter que pensar em tudo o que tinha que fazer para ir até a academia, provavelmente iria desistir. Fui facilitando o máximo que podia, para não ter praticamente nenhum trabalho que pudesse me "gerar preguiça".

Isso é o que chamo de diminuir o custo de ativação de uma atividade. Depois de um tempo, fazer academia se tornou um hábito para mim, uma rotina, um prazer, virou uma parte de mim, tornou-se algo natural. A partir daí eu podia até mesmo voltar a aumentar o custo de ativação – por exemplo, optando por uma academia mais longe de casa, mas com melhores condições para o meu treino – sem que isso comprometesse meu compromisso de fazer a atividade física.

A partir desse exemplo, você pode aplicar a mesma ideia para tudo que tem que fazer e percebe que a preguiça atrapalha. Encontre um jeito de diminuir o custo de ativação. Facilite ao máximo para você começar a fazer a atividade. Depois a coisa anda e quando menos esperar já terá resolvido o que tinha que fazer.

A ÚNICA COISA QUE A GENTE
TEM QUE TER, QUANDO NÃO SE TEM
MAIS NADA, É A ESPERANÇA.

3. A falta de esperança

O primeiro ponto que quero deixar claro aqui é a diferença entre a esperança ativa e a esperança passiva. Como disse o filósofo Mario Sergio Cortella, "Não confundamos esperança, do verbo esperançar, com esperança do verbo esperar". É sobre isso que estou falando. Esperança passiva tem a ver com o verbo esperar. Esperança ativa tem a ver com o verbo esperançar. Na etimologia, a palavra esperança vem do latim e deriva de *spes*, que tem o significado de "confiança em algo positivo".

Quando espera simplesmente que algo se resolva por si mesmo, ou que alguém resolva algo, sem fazer você mesmo algo nesse sentido, isso não é esperança, é espera pura e simples. Você espera que as coisas deem certo, espera que tudo se resolva, espera que aconteça o que deseja, espera que este ano seja diferente. Ou seja, você terceiriza a resolução de qualquer circunstância.

Já o esperançar é partir para a ação, com a certeza no coração de que as coisas vão dar certo. Quando espera desse modo, você constrói, segue adiante, realiza, leva tudo adiante até que seu objetivo se concretize.

O que nos interessa discutir aqui é a esperança ativa. E agora que está claro de que tipo de esperança estou falando – a esperança do verbo esperançar – podemos seguir adiante.

É preciso ter a esperança como parte de você. Sempre repito uma frase que minha mãe me ensinou: "A única coisa que a gente tem que ter, quando não se tem mais nada, é a esperança". Quando a esperança acaba, acabou tudo. Você pode ter dinheiro, patrimônio, sucesso e tudo o mais, mas se não tiver esperança, não tem coisa alguma.

Quando você perde dinheiro, isso é ruim. Quando perde patrimônio, é um prejuízo. Quando perde credibilidade, deixa de ter uma coisa sagrada. Mas quando perde a esperança, você perde tudo. É por essa razão que insisto tanto para que as pessoas protejam sua esperança.

As pessoas que não têm esperança se tornam vagabundas. Porque essa condição de não acreditar em nada, de não esperar nada, faz com que elas deixem de fazer o que é necessário.

SER HUMILDE NÃO É SER INFERIOR.
HUMILDADE VEM DE *HUMUS*,
QUE SIGNIFICA FÉRTIL.

A coisa mais simples que alguém pode fazer para não ter que fazer nada é achar que nada pode ser feito.

A pessoa sem esperança é aquela que prefere ficar sentada, inerte, "prevendo" que as coisas vão dar errado. Essa é uma pessoa que já está morta, mas com um coração que continua batendo. E aqui quero lembrar aquela famosa frase do filósofo e médico alemão Albert Schweitzer, que diz: "A tragédia não é quando um homem morre. A tragédia é aquilo que morre dentro de um homem enquanto ele ainda está vivo".

O que você não pode deixar morrer é sua esperança, que é o combustível dos seus sonhos, o motor daquilo que dá sentido à sua vida, a razão que o faz se sentir presente e atuando em algo significativo neste mundo.

4. A falta de humildade

Tem gente que olha para estes pontos que estou listando e não admite que sofre de pelo menos um deles. Isso eu chamo de falta de humildade. E esse é um dos principais erros de quem só se fode.

Quem não admite que não é bom em tudo e que existem pontos em que precisa de ajuda dos companheiros, jamais vai conseguir se encaixar em grupo algum, nunca vai ser parte verdadeira do sucesso de ninguém – e nem mesmo do próprio sucesso. Quem não tem a humildade para reconhecer seus erros e entender que precisa aprender, jamais vai conquistar as posições mais altas no pódio da vida.

Falta de humildade é quando a pessoa não reconhece que tem um calcanhar de Aquiles, quando prefere ficar cega para o problema que a incomoda. Prefere negar a situação, virar uma alienada. Tem um problema, mas opta por nem pensar nele, resolve deixar para Deus cuidar – o que pode ser visto como um ato de fé, na verdade, é falta de humildade para admitir que precisa de ajuda.

O maior sinal de fortaleza é quando uma pessoa reconhece e expõe uma parte fraca dela para outra pessoa e pede ajuda para superar essa dificuldade. Isso é de uma nobreza gigante.

É vital ter essa clareza sobre aqueles pontos em que você está pecando, falhando, patinando. Esse é o primeiro ponto para a

TEM GENTE QUE VIVE PARECENDO QUE NUNCA VAI MORRER E DEPOIS MORRE COMO SE NUNCA TIVESSE VIVIDO.

transformação. O primeiro passo para você curar algo é saber que a doença existe, do que você está sofrendo, qual é o problema que está neutralizando os seus esforços e impedindo as suas conquistas.

É importante entender que ser humilde nada tem a ver com estar por baixo, com ser menos que os outros. Humildade não é subserviência, não é ser uma pessoa inferior, ou você se diminuir ou se colocar em uma posição de inferioridade.

Humildade é você ser um terreno fértil, sempre estar cultivando coisas boas, saber que todo mundo pode lhe ensinar alguma coisa, é ter a noção clara de que todo mundo é melhor do que você em alguma coisa, é entender que você é um eterno aluno, um aprendiz.

Ser humilde é não se colocar em uma posição de superioridade porque, afinal, não é diminuindo quem está ao seu lado que você vai parecer maior – ao contrário, você só cresce de verdade quando puxa quem está contigo para cima.

5. Um recado para quem já se ferrou na vida

É muito importante identificar os erros de quem só se fode para evitar seguir o mesmo caminho e se dar mal. Afinal, a gente aprende com os erros, mas mesmo assim ninguém gosta de ficar patinando no mesmo lugar por muito tempo, cometendo e repetindo as mesmas falhas.

Uma pessoa determinada a ter sucesso não tem medo de errar, avança apesar dos riscos que existem, procura reconhecer as armadilhas em que pode cair ao longo do caminho e cumpre suas obrigações. Mas nem por isso ela passa ilesa pela vida. Uma hora ou outra ela também leva uma invertida e se ferra.

Por isso, quero dizer algumas coisas mais, porque com certeza você já se ferrou em algum momento, já sentiu na boca aquele gosto amargo de derrota, já se deu mal e ficou no prejuízo.

A grande sacada é: não importa onde é que você tenha se ferrado – no casamento, nos negócios, em uma amizade – a primeira coisa que quero lhe dizer, e que pode mudar drasticamente o seu entendimento da vida, é "não leve para o lado pessoal".

CAIR NÃO É VERGONHA; VERGONHA É
NÃO FAZER NADA PARA SE LEVANTAR.

Quando começa a levar os problemas para o lado pessoal, como se você fosse o único a se ferrar no mundo, você começa a tomar goleada da vida. É aquele famoso 7 × 1 na Seleção Brasileira[3]! Dá uma pane no seu cérebro e você paralisa.

Se olhar ao seu redor, você vai ver que muitas pessoas tropeçam no mesmo caminho e enfrentam os mesmos problemas. Nenhum desafio é única e exclusivamente seu. O desafio que você está enfrentando agora já foi, está sendo e será enfrentado por muitas outras pessoas. E isso é bom, porque todos estão acumulando conhecimentos sobre essa situação e você não está só. As pessoas têm como ajudar umas às outras, com base nessa mesma experiência vivida.

Outro ponto muito importante é que quando entende que essa situação não é algo pessoal, que só acontece na sua vida, você sai da postura de vítima – quando se coloca como vítima, você para de buscar respostas e não resolve o problema.

É muito importante essa mudança de postura. Lembre-se daquilo que já conversamos neste livro: sempre que surgir alguma dificuldade no seu caminho, em vez de perguntar "por que" esse problema surgiu, comece a se perguntar "para que" ele veio. O que essa situação quer lhe ensinar? O que isso vai fazer você perceber? O que você tem a aprender com isso? Assim, você vai sair dessa situação muito maior e melhor do que quando entrou.

Um tropeço, algum sapo que tenha que engolir hoje, pode ser o preparo para livrar você de uma situação mais grave amanhã. Lembre-se sempre que "aquilo que não nos mata, nos fortalece".

---

3 Referência à partida de futebol entre Brasil e Alemanha, disputada no dia 8 de julho de 2014, a primeira semifinal da Copa do Mundo daquele mesmo ano. A partida ficou marcada pela derrota sofrida pela Seleção Brasileira, pelo placar de 7 × 1.

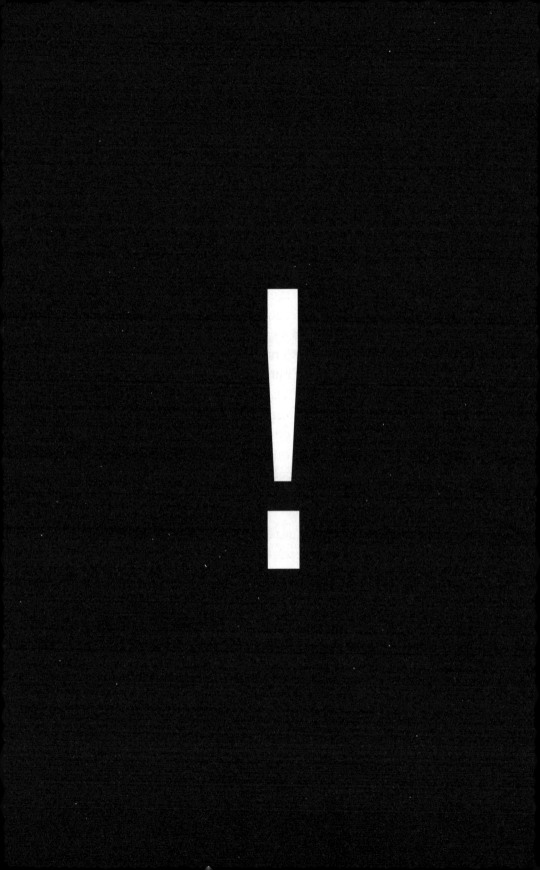

MOVER-SE ESTRATEGICAMENTE EM UM DIA DE BOSTA

É provável que você já tenha vivido um daqueles dias em que começou acordando tarde, saiu de casa sem ter tido tempo nem para tomar um café, pegou um trânsito do caramba, tomou chuva no caminho, chegou ao escritório atrasado e molhado e ainda descobriu que, justamente naquele dia, um cliente importante resolveu adiantar a ida ao seu escritório e já estava lá esperando por você há pelo menos meia hora. Para piorar, você percebe que esqueceu em casa o material que tinha preparado para a reunião com esse cliente.

Sempre existe um dia ou outro em nossa vida que podemos dizer que é um típico "dia de bosta", um dia em que somos submetidos ao máximo desafio. E como você tem um objetivo grande e quer conquistá-lo, pode ter certeza de que vai ter muitos dias assim, desafiadores, difíceis, quase impossíveis.

O que a gente tem de positivo em dias como esses é saber que situações difíceis podem até nos machucar, mas também nos lapidam, ajudam a formar o nosso caráter. É aquela velha história do carvão: ele só se transforma em diamante quanto exposto à pressão e ao tempo. Se tem pressão e você fica, aguenta e resiste, é transformado em diamante. Infelizmente, tem muita gente que quando é colocada sob pressão sai correndo e perde a oportunidade de se aperfeiçoar.

Toda pressão transforma. A pressão é parte da nossa evolução desde antes de virmos para este mundo. Só nos foi possível existir porque no momento do parto houve uma pressão no ventre de nossas mães, para que pudéssemos nascer.

Para aguentar a pressão de um dia difícil, para suportar os desafios de um dia de bosta, você tem que ter um plano, uma

IMPREVISTO NÃO É UM PROBLEMA.
O PROBLEMA É NÃO
SABER LIDAR COM ELE.

estratégia, um modo de agir poderoso e afirmativo, que o ajude a se manter na batalha até que vença.

Em um dia de bosta, principalmente, você precisa se mover de modo estratégico. Por isso, tem alguns recursos que utilizo para continuar me movendo, mesmo em um dia muito difícil. Recursos práticos que vão restabelecer sua carga energética e sua confiança e o seu entusiasmo. Vão elevar sua positividade, restaurar seu otimismo e abrilhantar sua alegria, revigorar e restaurar sua potência de agir. Deixe-me falar um pouco mais sobre essas estratégias.

1. Não deixe de fazer algo que lhe faz bem

Uma coisa que acho uma furada total é que muita gente, quando está tendo um dia difícil, por conta das circunstâncias, acaba abrindo mão daquilo que lhe faz bem.

Por exemplo, uma pessoa está em um dia de bosta e, por coincidência, é aquele mesmo dia em que ela costuma ir à igreja. E ir à igreja é algo que a deixa legal, a anima, a coloca para cima. Mas, como naquele dia está tudo ruim, tudo está dando errado, a pessoa deixa também de ir à igreja, o que só vai piorar mais ainda as coisas para ela.

Ou você tem academia naquele dia, uma atividade que adora, mas porque o seu dia está difícil acaba deixando de ir. Por falta de clima, por falta de cabeça, por desânimo, você deixa de fazer a atividade física, que é algo que o coloca para cima.

Nesses casos, o seu dia só vai piorar porque deixar de fazer essas coisas que lhe fazem bem o deixarão ainda mais deprimido e angustiado, com a energia mais baixa ainda.

Fazer as coisas que gostamos de fazer pode se transformar no ponto de virada de uma energia ruim para uma energia boa. Pode restaurar o seu ânimo e restabelecer a sua energia, clarear suas ideias, dar um poder de visão maior para você refinar sua análise da situação e melhorar suas tomadas de decisão e o direcionamento de suas ações.

Faça coisas que lhe fazem bem. Assim você vai criar mais condições para se mover estrategicamente entre os problemas de um dia ruim.

OS MAIORES "ATIVOS" EM NOSSAS
VIDAS SÃO AS PESSOAS QUE
ACREDITAM EM NOSSA CAPACIDADE.

Agora, o que é que lhe faz bem? Você tem clareza disso? Faça uma lista de tudo o que faz bem à sua mente e à sua alma. Tenha isso por escrito e sempre à mão, para que você reconheça de imediato os recursos que tem para virar o jogo naqueles dias em que as coisas estão mais difíceis, naquelas horas em que tudo parece estar uma bosta.

Melhor ainda: acrescente a essa lista mais coisas que podem lhe fazer bem e se dê mais alternativas positivas. Por exemplo, ler um livro, ouvir um áudio construtivo, ver um filme motivador, sair para dar uma caminhada, enfim, consulte o seu coração e descubra quais são as coisas que alimentam de boa energia a sua mente e a sua alma.

2. Ligue para as pessoas que lhe fazem bem

Todo ser humano precisa de ajuda em um momento ou outro da vida. É por isso que nascemos para viver em comunidade. A questão é: para quem você pede ajuda quando precisa? Quem são as pessoas que lhe fazem bem e podem ser seus apoios quando você está por baixo?

Quem é o seu 190[4]? Quem é que atende suas emergências? Quando você não está legal, quando está com algum problema, qual é o seu canal para pedir socorro? Qual é a Liga da Justiça[5] a quem você recorre? Quem são os seus Chapolins[6], quando você pergunta "quem poderá me defender"?

Você precisa ter uma lista das pessoas que lhe fazem bem, que são seus recursos morais de apoio. Pode até ser aquela pessoa que, quando você liga, já sabe que vai te dar uma bronca, mas que vai sair melhor daquela conversa. Quando uma pessoa nos inspira, quando é um líder de verdade, ela corrige sem ofender e orienta sem humilhar.

---

4 Central de Emergência 190: número de telefone de utilidade pública para atendimento aos cidadãos pela polícia militar de qualquer lugar do Brasil.

5 A Liga da Justiça é uma fictícia equipe de super-heróis originada nas histórias em quadrinhos publicadas pela editora americana DC Comics.

6 Referência ao famoso personagem de TV Chapolin Colorado.

O MAIOR SENTIDO DA VIDA É DAR
SENTIDO A OUTRAS VIDAS.

Pense nisto: quem são as pessoas que fortalecem o seu entusiasmo, que elevam sua crença, que estimulam sua capacidade de acreditar no seu próprio mérito e que o fazem perceber que você é muito maior do que acredita? É importante ter essas pessoas como recursos estratégicos.

Sempre que você tiver um dia de bosta, tem que ligar para pelo menos três pessoas estratégicas, para pedir um toque, um conselho, ou mesmo apenas para desabafar.

Todos nós precisamos de apoio uma vez ou outra. Pedir ajuda não é uma fraqueza, mas sim uma demonstração de fortaleza e sensatez. Campeões não se fazem sozinhos.

3. Faça o bem para alguém

Existe um ponto pelo qual tenho um carinho muito especial: faça o bem para alguém que você encontrou na vida. Isso é muito transformador.

Quando você tem um dia desafiador no seu negócio – por exemplo, as vendas não aconteceram, ou você tomou algum tipo de prejuízo, ou ainda teve um monte de imprevistos – em vez de reclamar, procure ajudar alguém. Por exemplo, talvez você esteja só com dez reais na sua carteira, mas pega esse dinheiro e dá para alguém que esteja passando por muita dificuldade naquele momento, e para quem esse dinheiro irá fazer uma enorme diferença.

Honestamente, mesmo que você não tenha vendido nada naquele dia, dez reais não vão fazer diferença para você. Mas quando você usa esse dinheiro para fazer o bem para alguém, pelo simples fato de estar pensando no outro, sua energia sobe e os seus problemas diminuem de tamanho.

Acredito muito nisso e essa tem sido minha experiência no dia a dia: se você está com um grande problema, faça o bem para alguém que a aflição passa! Você começa a perceber que pode ser muito maior do que acredita ser capaz. Começa a dar menos importância para os problemas.

Quando começa a tirar um pouco da carga emocional do seu problema, entendendo que sempre tem alguém em uma

FAÇA O BEM PARA ALGUÉM QUE VOCÊ
ENCONTRAR NA VIDA.
ISSO É MUITO TRANSFORMADOR.

circunstância mais desafiadora do que a sua, tudo fica mais simples de lidar.

4. Pratique a gratidão

A gratidão é um ponto fascinante e transformador. Quando você tem o hábito de agradecer, com o coração, por tudo que existe na sua vida, não existe dia ruim. Cada acontecimento é uma oportunidade de aproveitar melhor o seu dia.

As pessoas do bem precisam compreender melhor o poder da gratidão. Normalmente, quando elas estão passando por dificuldades e se lembram do "cara lá de cima", a primeira coisa que fazem é rezar e fazer promessas para receber aquilo que precisam. Mas nunca se lembram, em suas orações, de agradecer por aquilo que já receberam.

Um coração grato é a prova de que você está pronto para receber os presentes que a vida tem para lhe dar. Quando você é grato, não existe nenhuma necessidade de pedir, porque o que precisa já estará sendo dado.

Tenho um ritual de três minutos, que pratico todas as manhãs. Assim que acordo, vou até minha varanda, de onde consigo olhar para o sol. Coloco uma música calma, porque é algo que me inspira e me faz bem, e começo agradecendo três coisas que aconteceram na minha vida nos últimos dias – tanto as coisas boas quanto aquelas aparentemente não tão boas.

Só agradeço, porque sei que tudo vem para minha vida para deixar alguma coisa boa. Tudo tem um lado bom, é só procurar. Mesmo nas coisas que são mais desafiadoras, sempre temos um ganho embutido.

Depois, agradeço três coisas que ainda não aconteceram, mas que eu quero realizar na minha vida. Agradeço como se elas já tivessem se realizado. E assim consigo sentir o sabor da realização, mesmo que seja futura.

Por exemplo, no momento em que estou escrevendo este livro, já agradeço o quanto ele foi bem recebido, como as pessoas se conectaram com ele, o impacto incrível que conseguiu causar, o quanto fez diferença na vida das pessoas. Sou muito

UM CORAÇÃO GRATO É A PROVA
DE QUE VOCÊ ESTÁ PRONTO PARA
RECEBER OS PRESENTES QUE A VIDA
TEM PARA LHE DAR.

grato por este livro ter chegado às mãos de pessoas especiais e me sinto muito honrado de poder estar junto de cada leitor.

Depois disso, faço minhas orações, me comunico com "o cara lá de cima" e procuro sentir essa forte conexão que tenho com Ele.

5. Como resolver uma encrenca

Tem pessoas que quando estão no meio de um problema, ou enfrentando algum desafio, perdem o entusiasmo e abandonam a alegria e, com isso, acabam aumentando o poder que esse problema exerce sobre elas.

Sempre que estiver encrencado, a principal coisa que você precisa fazer é enfrentar o problema com alegria. A alegria diminui o poder das encrencas.

Eu sei que isso é algo desafiador, mas coloque em prática, procure se divertir com os problemas e você verá a grande diferença que vai gerar em seus resultados e em sua qualidade de vida.

Se você não tiver energia para ficar alegre de verdade, faça de conta que tem. Cantarole uma canção, finja que está feliz, até que a sua mente se convença de que a alegria existe. Faça o teste e vai ver a diferença.

Você já ouviu aquela frase popular que diz: "A gente se fode, mas se diverte"? Ou seja, a gente tem problemas? Claro que sim. A gente tem encrencas? Claro que tem. Mas por que dar mais poder a eles? Em vez disso, divirta-se com eles e vai doer menos, além de ficar mais fácil resolver a situação.

Tudo fica melhor, mais simples e mais fácil quando você ri. Gosto de dizer que o riso é a "geleia da vida", que "vai bem com tudo". Ajuda a gente a engolir o que vier, dá gosto para as coisas e é um tempero e tanto.

Divirta-se e dê muitas risadas ao longo do processo de lidar com um problema e você verá sua vida fluir melhor, mais leve e mais alegre. Afinal, na verdade ninguém nasceu para sofrer – você pode até ter alguma dor, mas não precisa sofrer com ela.

Se você não está se divertindo com a vida, alguma coisa está errada. E saiba que o que está errado não é a encrenca que você pode estar enfrentando, mas sim o fato de você não se divertir

FELICIDADE É A GENTE NÃO PERDER O ENTUSIASMO ENQUANTO VIVEMOS A JORNADA QUE ESCOLHEMOS, MESMO QUANDO OS OBSTÁCULOS SURGEM PELO CAMINHO.

ao longo da sua história, da sua jornada, da sua caminhada. É o seu modo de pensar que precisa ser trabalhado.

Em qualquer tipo de estrada que pegue, se você não se diverte, ou se diverte só quando está tudo bem, isso indica que você está achando que felicidade é a ausência de problemas. Isso é um erro. Felicidade é a gente não perder o entusiasmo enquanto vivemos a jornada que escolhemos, mesmo quando os obstáculos surgem pelo caminho.

Dê mais risadas, mesmo em um dia de bosta. Ou melhor, principalmente em um dia de bosta. Ao se divertir, estará dando menos poder aos seus problemas. Uma risada descontraída em um momento em que você está experimentando um problema tira um pouco daquela carga pesada que toda dificuldade traz.

É bom que você fique atento, pois pode estar sendo muito duro consigo mesmo, não se divertindo no dia a dia, quando poderia resolver as situações com uma abordagem mais leve, ao longo da sua vida.

Se esse for o seu caso, lembre-se que é mais fácil encarar e resolver uma encrenca com alegria. Sem alegria tudo fica muito mais complicado. E é você quem deve escolher qual é a opção que vai agarrar.

Essas são algumas estratégias que funcionam muito bem para nos ajudar a desempenhar o nosso melhor em qualquer dia da vida, mas especialmente nos dão suporte em um dia de bosta – ajudando a compreender que não tem dia verdadeiramente ruim, porque mesmo os mais difíceis nos trazem lições e crescimento.

***

Mover-se estrategicamente em um dia de bosta é sempre um desafio – mas ninguém nunca disse que viver seria fácil – crescer exige determinação e entusiasmo e, muitas vezes, dói. Usando estas estratégias, você será capaz de passar por esses dias ruins com menos desgaste e sempre sairá dessa situação mais forte do que quando entrou nela.

VOCÊ NÃO PRECISA SER BOM
PARA COMEÇAR ALGO.
VOCÊ PRECISA COMEÇAR ALGO
PARA SER BOM.

Não se deixe abater pelas adversidades. Coloque alegria e entusiasmo em sua vida e siga firme, enfrentando os obstáculos com a certeza de que fará uma grande diferença na sua vida e no mundo.

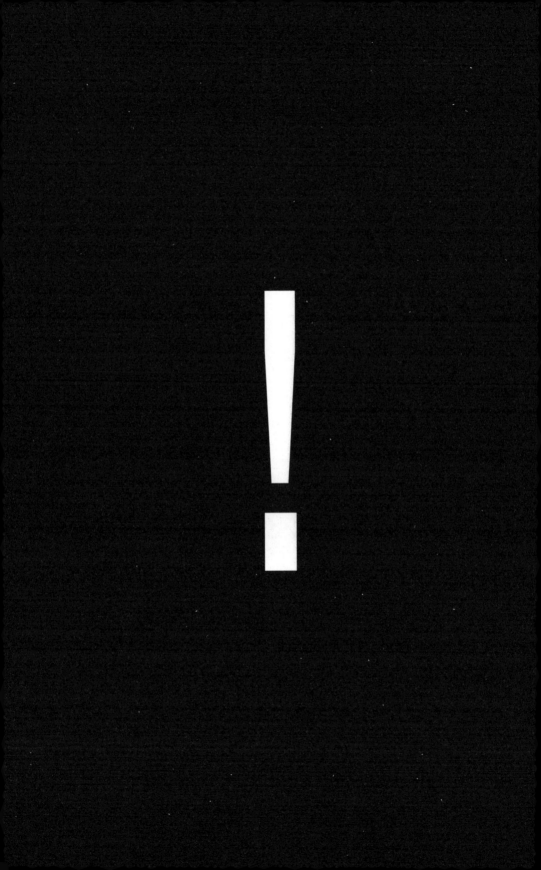

ACELERA

As onze estratégias que você aprendeu até aqui o ajudarão a construir um enfoderamento definitivo, real, e já aceleraram sua atitude positiva em relação ao mundo. Por isso, quero te dizer: "Não pare! Continue acelerando! Continue colocando em prática tudo o que aprendeu".

O resultado sempre dependerá do que você faz com o que a vida lhe entrega. Independentemente da situação, existem vários modos de você enxergar uma situação e atuar nas diferentes circunstâncias da vida, mas o mais interessante é que é sempre você mesmo quem escolhe qual caminho vai pegar e, é claro, da sua escolha vai depender a qualidade da sua vida.

É importante compreender que o mundo pode fazer tudo para você, menos a sua parte. E o que quero deixar claro neste final do livro é que agora é contigo, agora é a sua vez. Agora a responsabilidade é sua e o que você vai fazer com isso tudo que leu cabe somente a você decidir. É você que tem que se mexer. Lembre-se: de nada adianta pedir a Deus para guiar os seus passos se você não está disposto a mover os pés.

É sua a responsabilidade sobre o seu destino e o legado que você vai deixar nesta vida. Mas você vai ter que enfrentar os seus desafios e só vai poder contar com você mesmo – ninguém vai vir te socorrer. É seu o poder de fazer acontecer. Se você quer um milagre, é preciso que você mesmo seja esse milagre.

Mas tenho certeza de que você está preparado para ser esse milagre. Uma vez que chegou até o final deste livro, você é uma pessoa que entende e aplica os três "Cs" mais importantes da vida: Começar, Continuar e Concluir. Agora use esse mesmo conjunto de atributos para fazer os ajustes necessários dentro da sua caminhada, para perseguir e conquistar aquilo que você não consegue ficar um minuto sequer sem pensar a respeito.

SE VOCÊ QUER O MILAGRE,
SEJA O MILAGRE.

Para ajudar você a evoluir na sua vida pessoal e profissional, recomendo que pratique diariamente as estratégias que apresentei neste livro e que funcionaram e funcionam muito bem para mim, como empresário e também na minha vida pessoal.

Essas estratégias são a base da minha atuação pessoal e profissional e são responsáveis por tudo o que tem dado certo na minha vida, por todos os resultados que já conquistei e ainda vou conquistar. Nos últimos anos, praticando essas estratégias com responsabilidade e dedicação, pude me conectar com muitas pessoas, formar uma extensa e poderosa equipe de trabalho, com bilhões de vendas acumuladas, além de alcançar milhões de seguidores por meio das redes sociais. Por isso, digo sem medo de errar: acompanhe com muita atenção e, acima de tudo, coloque em prática com dedicação e determinação cada uma dessas estratégias.

Acredito muito que, já que você chegou até este capítulo, acima de tudo prevalece dentro de você a certeza de que ainda vale a pena lutar por um mundo melhor, mais positivo, mais cheio de esperança e colaboração entre todos aqueles que dividem conosco esta missão e esta visão.

Tenho certeza de que, inspirado por esse novo aprendizado, uma forte esperança renasceu em você e trouxe de volta o seu desejo sincero de mudar tudo o que não está certo, ou que não dê bons frutos, para finalmente chegar onde sempre sonhou, em um mundo em que sempre acreditou ser possível.

O próximo passo para fazer valer o seu enfoderamento na vida é ACELERAR. Isso mesmo, é preciso colocar velocidade, o sucesso ama velocidade. Seu objetivo maior tem que ser acelerar na direção daquilo que você deseja construir, o que você quer realizar.

Quem tem conhecimento tem que ter responsabilidade. Agora que você conheceu todas essas estratégias para ir mais longe, não perca tempo olhando para o retrovisor. Olhe para a frente e acelere. Quem fica olhando para o retrovisor sai da pista. Você agora vai precisar focar na pista, respeitando as curvas mais fechadas do circuito da vida, mas sempre pronto

O LUGAR ONDE EU QUERO
VER VOCÊ BRILHAR É NO PÓDIO
DA SUA VIDA.

para uma retomada com força total, e pisando fundo com o pé lá embaixo.

O lugar onde eu quero ver você brilhar é no pódio da sua vida. E você não deve esperar demais para chegar lá. Por isso, ACELERE!

Enfodere-se! Enfodere o mundo! E faça valer a sua presença no mundo.

CRIE UM MOVIMENTO ENFODERADOR

Uma das coisas mais importantes que compreendi trabalhando com pessoas é que jamais podemos nos transformar em quem olha somente para seu próprio umbigo – precisamos pensar também nos outros. Precisamos ter vivo um desejo forte de compartilhar, de dividir para aprender, para multiplicar, para somar. Devemos viver para compartilhar aprendizados, experiências, erros e acertos, mas acima de tudo precisamos nos importar com o bem das pessoas que caminham ao nosso lado.

Nosso maior desafio é tentar encontrar nossos semelhantes, e manter com eles um relacionamento positivo e construtivo. Precisamos aprender a enfoderar uns aos outros, tendo em mente que todos somos recursos uns para os outros. Precisamos parar de economizar elogios sinceros e treinar dar reforços positivos, principalmente para quem vive momentos difíceis.

Precisamos criar um movimento de enfoderamento.

Acredite: o mundo precisa de você muito mais do que você pode imaginar. Tem muita gente que depende de você, que espera pelo seu apoio, muitas vezes são pessoas que você ainda nem conhece. Tem muita gente esperando que você faça a diferença, para se inspirar em seu exemplo e acreditar que também são capazes. Pessoas que sabem que "a gente sempre se torna aquilo que mais admira" e que esperam de você a inspiração para fazer acontecer o que buscam no mundo.

Por isso, meu maior desejo é que você se enfodere de verdade, e se torne um ponto de admiração para as pessoas que estão ao seu redor.

Sempre digo para as pessoas que tem algumas coisas na vida que a gente não pode economizar. E duas delas são o conhecimento e o afeto. Desse modo, quero te fazer dois convites muito importantes:

O MUNDO PRECISA MUITO MAIS DE VOCÊ DO QUE VOCÊ PODE IMAGINAR.

Seja generoso em seus afetos. Nunca economize elogios, não economize abraços, não economize carinho para as pessoas ao seu redor.

Compartilhe conhecimentos. Não economize aquilo que você pode ensinar para as pessoas, não prenda seus conhecimentos, passe-os para frente, divida-os com tantas pessoas quanto puder alcançar.

Enfoderar-se de verdade é aprender, crescer, realizar e contribuir para que outros sigam pelo mesmo caminho.

Como parte de um grupo muito especial de pessoas enfoderadas, agora você está pronto para começar a aplicar todas as ferramentas que aprendeu aqui, a fim de enfrentar com força e determinação todos os obstáculos que porventura o estejam impedindo de viver uma vida incrível, assim como poderá contribuir para que outras pessoas também consigam tocar essa centelha divina e vencer o negativismo, voltar a acreditar no bem, nelas mesmas e nas outras pessoas. E, finalmente, realizar seus objetivos, deixando pegadas de sucesso que certamente inspirarão também as futuras gerações.

Se as pessoas positivas começarem a compartilhar suas experiências da mesma forma que os negativos costumam fazer, o mundo será um lugar muito mais foda para se viver. Acredito que o grande problema de hoje não seja o barulho dos pessimistas, mas, sim, o silêncio dos otimistas.

Por isso, convido você a dividir mais experiências boas, para multiplicarmos nossa força de impacto e a nossa capacidade de transformação. Se este livro lhe trouxe de maneira genuína algum ótimo *insight*, minha missão com você está cumprida! E ao compartilhar este livro com alguém, você fará parte dessa missão!

Conto com você para enfoderarmos o mundo.

Um forte abraço,

Caio Carneiro

caiocarneiro
caiocarneirooficial
caiocarneiro.com
caiocarneiro

CAIO CARNEIRO é pai da Bella e do Theo e esposo da Fabi. Empreendedor, investidor, palestrante e autor do best-seller *Seja foda!*, o livro de negócios mais vendido do país. Profissional de Marketing de Relacionamento há quase uma década, conseguiu enorme destaque dentro do mercado da venda direta ainda muito jovem, aos 25 anos, somando mais de dois bilhões em vendas. É considerado pela *Business For Home* um dos líderes mais influentes do mundo dentro do Marketing de Relacionamento, entrando para o Hall da Fama da profissão (Las Vegas, EUA) em 2018, por toda a contribuição gerada. Há mais de cinco anos documenta sua vivência e aprendizado nas redes sociais, conectando-se com milhões de pessoas. Foi indicado ao prêmio de Influenciador do Ano na categoria "Negócios e Empreendedorismo".

FONTES Andada e New Grotesk Square
PAPEL Alta Alvura 75 g/m²
IMPRESSÃO RR Donnelley